【香港史學會叢書】

—— Ghost Pai's Kitchen ——

鬼王廚房

舌尖上的地獄飲食文化

U0061643

潘啟聰 ╳ 施志明

中華書局

序

　　死亡，是生命的終結，也是「死亡文化」的開端。因為任何人都害怕死亡卻又不可避免，這種恐懼感構成了「死亡文化」。

　　華人的生死觀建基於家庭，個體生命由父母所生，包含肉體與靈魂（精神）兩個部分，毫無懸念。儘管血肉軀體有消亡的時候，不過靈魂卻能永恆存在，除了少部分人因生前功德修為晉昇「神靈」外，一般人得靠後人接濟魂魄回家族祠堂成為「祖靈」，否則淪為孤苦無依的「鬼靈」。這三種「靈」的觀念深刻影響中華信俗文化，尤其對「鬼靈」的拜祀更反映對未知世界的想像、建構與詮釋，加上佛道思想與坊間傳說的催化，形成既獨特又博雜的「鬼世界」文化。凡有志於華人歷史文化或信俗研究者，自是不可忽略的課題。

　　二〇一九年，施志明博士與潘啟聰博士合著《香港都市傳說全攻略》，以人文科學的角度探討志怪傳說、地方鬼故和災難述異的意義，出版後甚獲好評。今年，兩位再接再厲，以大眾「又

怕聽，又愛聽」、「知其然，而不知其所以然」的「鬼文化」為題，出版《鬼王廚房》，探討「死亡與飲食」的文化與流變。試問人死了還有飲食需要嗎？在物理層面當然不切實際，但在社會文化層面則涉及「祭」的形上作用，單是這視點已經蘊含宗教、歷史、社會、族群與信俗等學問，相當有深意。兩位博士本着人文科學的專業視角，從文獻、歷史、田野等方法入手，盡力以日常見聞為事例，博引旁徵，將繁複博雜的「祭鬼」文化加以疏理說明，並以輕鬆跳脫的文字和精美插圖輔助解說，無論是尋常閱讀，或是增進文化基礎，都是不錯的讀本。

　　本書名為《鬼王廚房》，內容涉及民族文化與民間信俗，雖以「鬼」為核心，其實亦是「人的飲食文化」，背後蘊含地方歷史和社會文化之深層意義，亟需讀者細心發掘，幸勿以普通「鬼故」視之。同時，寄望兩位博士繼續努力，以求貫徹。是為序。

鄧家宙　於恆泰樓

前言

　　繼上一本《香港都市傳說全攻略》，當然我們今年也有新搞作。搞甚麼不重要，最重要是寫得出來。作為第二彈，研究上仍然是作「死」搞「鬼」成為了大方向，再以「食」作為開胃菜。為了使此書「極臻完美」（但現實殘酷），並且稱得上「非 100%學術研究」的書籍。故此，我倆非常重視研究方法，在電話交流中作了「由深入淺」探討。

　　首先，這自不然想起自己日常授課跟學生的老套說法：「人文學科研究方法，能做到田野（實地）考察，便盡力去做。」然而，始終酆都、黃泉、地獄這些地方，都比較難去，我倆也不想去，所以欣然作罷。那麼，回歸基本，從文獻、古書、論文、新聞報章中找資料還是比較穩妥，也是留着小命、保住陽壽的最佳研究方法。

　　本書分有六篇。起首第一篇〈鬼王簡介〉，是講解剖析華人歷來對鬼的概念演變，從而進入探討「死亡與飲食」的關係；其

後五篇，則按人生（或鬼生）發展歷程，藉「正宗未死菜單」、「家鄉新死食譜」、「鬼道地獄料理」、「家傳祭祖套餐」、「輪迴升仙滋味」之名，分別講述不同階段的喪葬祭醮之用，並進行延伸探討。

故此，大體可以區分三個主軸：

一、凡與死亡有關而供陽間人食用及其相關產生之概念說法，如「解慰酒」、「纓紅宴」、「守孝」之類；

二、凡在陽間可見之喪葬祭品及其相關產生之概念說法，如「藏壽飯」、「回魂套餐」、「街衣名菜」、「春秋二祭」、「寒食清明」、「重陽嚐菊」、「打醮供品」之類；

三、凡是非常人可見之物及其產生概念說法，如「鬼王簡介」、「地獄料理」、「仙家料理」、「孟婆湯」之類。

本書資料搜集及相關探討，涉及了「喪葬」、「祭祀」、「宗教」、「風俗」、「民間傳說」、「志怪小說」、「古典文學」、「宗族傳統」等，而這些均為人類文化產物，也是學術上認為值得研究的課題。雖然本書僅是將我倆偶拾得來，與「死亡」、「飲食」相關之二三四五六七八事，共冶一爐，稍作探討。但我倆期望的，是能夠將華人視為「不吉利」的事，通俗地解釋給讀者。讀者閱後，能加深一點人文知識，滿足了一些好奇心，夠了。如果讀者有一絲衝動想再作深入研究，那真的是「恭喜」，這可是條「不歸路」。

====== 快速入題分界線 ======

　　為了符合「惡搞」的想法，所以書名用上「鬼王廚房」，使之類似「飲食題材」的書籍。另一方面，雖說陰間地府「理應」無分國界疆域；但說到陽間世界，不同地方還是有分別的，所以先說明書中的個案資料，大多以香港為主。

　　最後，如果大家手執此書，打算依據《鬼王廚房》尋找地獄美食，這本採用極具「死人」、「衰鬼」意味的藍色書籍，理應是幫到你的。

　　「相信係，除非唔係。」

　　「大吉利是。」

施志明

本大爺
乃鬼王
是也！

第一篇

鬼王簡介

敬天敬地敬鬼神

神主牌 ...... l 個

香爐 ...... l 個

香 ...... l 炷

真誠之心 ...... 無限

做法

你有沒有撞過鬼呢？

中國早期鬼的概念：鬼字探源

文學作品裏的鬼：鬼的早期形象

死亡的世界：也有它的飲食文化

撰譜人：潘啟聰

你有沒有撞過鬼呢？

讓筆者猜一猜讀者們的反應吧！

也許你在書局偶爾打開這本封面設計古怪的書，第一眼就見到作者問這一個問題。你心中或會咒罵道：「大吉利是！你就撞鬼。我時運一向很高，看不到呢！」然後，你合起本書就想走。

也許你對此書非常感興趣，想多讀一兩頁然後再決定要不要買。可是，你身旁管錢的那位（或者是媽媽，或者是太太，多半是一位女士吧……）一眼看到這句話，便破口大罵：「xy%$&#！作者是瘋了吧?!甚麼垃圾書？第一頁就這樣問人……放低本書！走啦！買回家？你想都別想！」然後，你非走不可。

也許你之前已看過筆者寫的書，覺得有信心保證，一看到筆者的名字，立即從書架取下來，買了就走。夜深了，坐在床上開始閱讀此書，誰知第一眼就看到這般開場白，忽然想起以前的經歷，頓時覺得毛骨悚然，心裏咒罵道：「真該死！弄得我不敢半夜獨個兒上廁所了！」[1]然後，你一手把書扔開。

筆者在想，這樣寫開場白，被人罵應該是多數會出現的結果吧?!未知現在仍然在看此書的你怎樣想呢？不過，如果抽離一下現況，若回想一下平時與人講鬼時對方的反應，對方多半會表

1　老實說，筆者可真的對這種感受做過學術研究。不信的話，你可以去翻閱拙作《當文學遇上心理學：文藝心理學概論》第 274 至 297 頁或收錄於《高雄師大學報》第 46 期的論文〈恐懼蔓延 —— 香港鬼故事的格式塔心理學分析〉呢！

現出：晦氣、避之則吉、不高興、害怕、怕多講惹禍……總而言之，大多數反應是傾向負面的。大概不會有人在喜慶場合，歡天喜地去講他的撞鬼經驗吧？

其實，有沒有哪位讀者朋友曾心存疑問，到底我們對於一眾「好兄弟」是否真的有確切認識？綜觀大眾平時提及鬼的反應，好像我們對他們有很深入的認識，知道他們並非善類，因而表現得如此忌諱小心。可是，我們對他們的認識真的有這麼確定嗎？

一般人對「鬼」的認識大約就是知道鬼是人死後的狀態。由坊間的故事和電影綜合所得，鬼有着人沒有的能力，包括隱形現形、遁地穿牆、隔空取物等。他們擁有生前記憶，對怨恨情感尤其執着。在不少故事中，沒有憾事的亡者多半會升天或輪迴，而留在人間的卻多為冤魂。他們往往會向仇人降禍索命，甚至加害途人以求替死。讀者們難道從來沒有懷疑過這些「知識」嗎？讀者們沒有懷疑過一般人講「鬼」講得太理所當然嗎？

到底，在歷史的長河之中，「鬼」一字在甚麼時候出現？「鬼」的定義、形象、設定等到底有沒有轉變過呢？留在人間的鬼一定是冤魂嗎？升天或輪迴是鬼唯一的好去處？鬼真的能夠重返人世？鬼要重返人世一定要找人替死嗎？坊間害怕鬼是因為鬼能害人，那麼人又是否能夠加害於鬼呢？再進一步說，鬼有喜、怒、哀、懼、愛、惡、欲等情緒嗎？常言道「人鬼殊途」，其實有沒有人鬼同途而最終得皆大歡喜的結局呢？

如果以上的問題讀者曾經想過、問過、疑惑過而終不得答案，本章定能解你一切的困惑！

甲骨文的鬼字

 一、中國早期鬼的概念：鬼字探源

　　「鬼」一字最早出現在甲骨文中。不少文字學的學者都認為「鬼」字是一個象形文字。「鬼」字在卜辭中有不同的寫法，但都一致性地有大頭的特徵。（這倒是說明了為甚麼人見到大頭怪嬰不會想到他是畸形兒，而第一時間覺得他是恐怖的存在。原來有歷史淵源的！）許慎在《說文解字》中指：「象形者，畫成其物，隨體詰詘。」對於「鬼」字的來由——到底此字畫自甚麼物件，歷來有不同的推測。有學者認為那是描畫着祖先屍骨，頭大之故乃基於對頭顱骨的描畫。另又有學者指「鬼」字的結構為「田」下「人」，實意指埋在土地下的死人。

　　不論是哪一種解說方

田下埋人

法，「鬼」一字都與死亡脫不了關係。《說文解字》在〈鬼部〉對「鬼」字作這樣的解釋：「鬼，人所歸為鬼。從人，像鬼頭。鬼陰氣賊害，從厶。凡鬼之屬皆從鬼。」由許慎的解釋之中，我們可以見到「鬼」有兩個特徵：一、人所歸為鬼，意指人死後就會變為鬼，甚至有人認為「鬼」的讀音亦源於「歸」字；二、鬼屬陰性，而其陰寒之氣會傷害人，故字中有「厶」的結構以示其性陰。既然鬼為人死所歸之狀況，而我們每個人都會死；那麼，為甚麼人們對鬼產生如此大的恐懼呢？也許，《說文解字》的內容給了我們一點線索。在《說文解字》的〈鬼部〉裏，撇除了「鬼」字後，共收十九個字，詳細可見以下的表一。

字	解釋
魓	神也。从鬼申聲。
魂	陽气也。从鬼云聲。
魄	陰神也。从鬼白聲。
魖	厲鬼也。从鬼失聲。
魗	耗神也。从鬼虛聲。
魃	旱鬼也。从鬼犮聲。《周禮》有赤魃氏，除牆屋之物也。《詩》曰：「旱魃為虐。」
髟	老精物也。从鬼彡。彡，鬼毛。
魒	鬼服也。一曰小兒鬼。从鬼支聲。《韓詩傳》曰：「鄭交甫逢二女，魒服。」
魕	鬼皃。从鬼虎聲。

字	解釋
覷	鬼俗也。从鬼幾聲。《淮南傳》曰：「吳人鬼，越人覷。」
䰚	鬼彪聲，䰚䰚不止也。从鬼需聲。
傀	鬼變也。从鬼化聲。
魗	見鬼驚詞。从鬼，難省聲。讀若《詩》「受福不儺」。
䫻	鬼皃。从鬼賓聲。
醜	可惡也。从鬼酉聲。
魋	神獸也。从鬼隹聲。
魑	鬼屬。从鬼从离，离亦聲。
魔	鬼也。从鬼麻聲。
魘	寱驚也。从鬼厭聲。

表一：《說文解字》〈鬼部〉收錄的字

　　由表中可見，〈鬼部〉收錄的字不少皆非善類，如「魔」、「魑」、「魃」等。魔為厲鬼，按《說文解字》注中指乃虐厲之鬼。魑為耗神，揚雄的《甘泉賦》有言：「捎夔魖而抶獝狂」，他將夔、魖、獝狂放在一起，三者全是有名的怪物和惡鬼。魃乃旱鬼，早在《詩經·大雅·雲漢》已寫有：「旱魃為虐，如惔如焚」，指其所出現之處必有旱災。人人皆會死，大家都會死而為鬼，故此鬼着實不太可怕。問題是鬼的陰寒之氣會傷害人，此其一；鬼，作為一個大類，當中不少的成員卻非善類，其所出現之處必有災禍，此其二也。如此一來，人怕鬼，可謂有根有據呢！

二、文學作品裏的鬼：鬼的早期形象

「人所歸為鬼，形象上頭大身細」，這兩句就總結了鬼最初的形象了。可是，這不是我們現代人認識的鬼世界啊！我們認識的鬼世界是多麼的百卉千葩、豐富多彩啊！相信讀者們隨便數數也有不少呢！例如，律令、謝必安、范無咎、聶小倩、倀鬼等。上面刨根究底的工夫完了，以下讓筆者跟大家分享有趣的鬼故事吧！

1．坊間著名的鬼

律令

他是典型的因知識誤傳而變得出名的鬼。在古代文獻中，他被記錄於明朝編著的《幼學瓊林》中。《幼學瓊林》〈卷一〉中有一句：「雷部至捷之鬼曰律令。」後來，百度百科解釋「急急如律令」一道教詞語時竟指出其意思是：「事情太急需要立即處理，猶如律令奔走一般。律令，傳說中雷部眾鬼裏跑最快的一隻鬼的名字。」這種說法在網上廣傳起來。

可是，若查蓬瀛仙館道教文化中心資料庫有關「急急如律令」一項，「如律令」其實原出於漢代官

方文書中的結尾語，漢代詔書和檄文中多有「如律令」一語。「如律令」意指按法令執行，在語氣上有違律必究的意味。如果以「鬼名」解律令二字，則解釋不了嵌入神名的咒語，如「吾奉太上老君急急如律令敕」、「急急如太上老君律令」等。試以人名代入太上老君和律令，兩句分別就變成「我奉行小明火速如小強執行」和「急急如小明和小強」了。然而，若以「法令」解律令二字，兩句咒語意思就是「我奉行太上老君（之道），火速如法令執行」和「火速辦理如同是太上老君的法令般」。這樣，以上這兩句例子則文意比較清楚通順。這也是為甚麼我上課時常常跟學生說：「不要給我見到你們功課的參考書目裏有維基和百度，死罪也！」

又稱七爺八爺，或合稱謝范將軍。這兩位就是大名鼎鼎的黑白無常了。根據陳威伯及施靜宜兩位學者的研究＊，七爺八爺的傳說有三個主要版本在坊間流傳，包括「守城烈士版」、「守信溺死版」及「牢獄情誼版」。其中又以「守信溺死版」編寫時間最早。既然如此，筆者就在這裏分享一下「守信溺死版」的故事吧！

故事載七爺謝必安和八爺范無咎同為福建閩縣人，自幼結義為異姓兄弟，長大後亦同在衙門當差役。某一日，二人得令出差辦公。他們走至某座橋之下，天上烏雲密佈，似乎馬上就要下大雨了。於是，七爺讓八爺在橋邊稍等一下，自己回家取傘。誰知七爺去後，頓時落下傾盆大雨。八爺只好躲至橋下避雨。面對不斷漲起的河水，八爺竟為堅守約定而在原地繼續守候。身材矮小的八爺最終被水淹死。等到七爺趕回去橋邊之時，赫然發現八爺已經被大水淹死。七爺悲痛欲絕，本想投水自盡。可是，身材高大的他跳進水已退去的河水時，水深卻不足以溺死他。結果，他選擇

以上吊方式自殺，最終在橋邊大樹下與八爺共赴黃泉。玉皇大帝深受其信義行為感動，故而命他們為陰間的部將，負責捉拿陽世作惡之徒來接受審判。

＊該文收錄在《稻江學報》第三卷第一期。

聶小倩

各位讀者認識聶小倩嗎？別告訴我只知有王祖賢而不知有聶小倩啊！這樣說，大概會把你的年齡揭露了……當然……其實……筆者也記得……張國榮最後拿着王……大吉利是，說錯了……是寧采臣拿着聶小倩的骨灰離去，黑山老妖被打敗，聶小倩得以投胎轉世做人。其實，也許很多讀者都不知道，電影《倩女幽魂》的結局是與原著不符的。甚麼「人鬼殊途」、甚麼「投胎轉世」這些通通都沒有！

原著之中，聶小倩是以女鬼之身跟了寧采臣回家。寧母起初怕小倩，小倩以耐心軟化了寧母的心。寧母與之日漸稔熟，竟「親愛如己出，竟忘其為鬼」。之後，小倩嫁給寧采臣，在婚禮中「華妝出，一堂盡眙，反不疑其鬼，疑為仙」。後來，寧采臣中了進士，小倩亦為其生了一兒子。故事結

尾，寧采臣更是享齊人之福，納一妾，而且小倩和妾再各添一子。雖然我至今仍有很多事不明白，但是這確實是原著的結局啊！

筆者不明白的地方有很多，例如：聶小倩是如何以女鬼之身懷孕產子？女鬼會不會有孕吐？女鬼懷孕要不要補充葉酸和鈣？女鬼產子會不會痛？鬼懷孕是不是也要十個月才足月？到底是誰來接生？生產後要不要剪臍帶？鬼太郎不會是聶小倩的兒子吧？人和鬼的混血兒到底是怎樣的人物設定？聶小倩的樣子應該不會老吧，誰可以接受得了一個貌似十七八歲的艷絕女子（原著設定）作曾祖母呢？

看來，古人對「鬼」的想像力和接受程度比我們現代人還要豐富呢！話說回來，如果蒲松齡這個故事不是想像出來，而是「本故事純屬真實　如有雷同實屬正常」，那麼聶小倩應該是宇宙最強的美魔女吧？

倀鬼

　　相信各位讀者對倀鬼都有認識吧？！成語「為虎作倀」的「倀」字就是指倀鬼。由現有的文獻看來，早在唐朝已有「倀鬼」一詞，並對其有清楚的描述。在《太平廣記》所收錄的故事之中，已經有多於一處。《虎二》的〈碧石〉一節就有：「月夕，人有登樹候望，見一倀鬼如七八歲小兒，無衣輕行，通身碧色，來發其機……久之，小兒行哭而返，因入虎口」；《虎三》的〈宣州兒〉一節寫：「小兒謂父母云：『鬼引虎來則必死。』世人云：『為虎所食，其鬼為倀。』我死，為倀必矣……」；《虎五》的〈馬拯〉一節中亦有：「曰：『此是倀鬼，被虎所食之人也，為虎前呵道耳』」；《虎六》的〈荊州人〉一節又有：「荊州有人山行，忽遇倀鬼，以虎皮冒己，因化為虎，受倀鬼指揮。」

　　「為虎作倀」是大家都知道的事，筆者寫書喜歡為讀者帶來新的資訊，這裏又豈敢偷懶？其實，「倀」亦可指水鬼！據《太平廣記》錄《北夢瑣言》的內容，當中對「倀」的界定多於「為虎所殺」之鬼：「凡死于虎，溺于水之鬼，號為倀，須得一人代之」；另一處亦錄有「江河邊多倀鬼。往往呼人姓名，應之者必溺，乃死魂者誘之也」的故事，故事中又以「江倀」喚這種鬼。雖然兩類倀鬼死因不

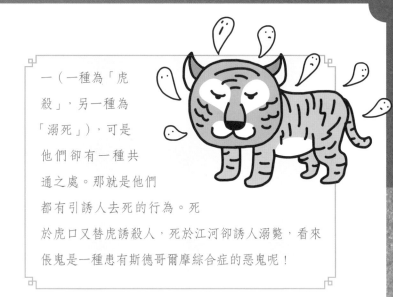

一（一種為「虎殺」，另一種為「溺死」），可是他們卻有一種共通之處。那就是他們都有引誘人去死的行為。死於虎口又替虎誘殺人，死於江河卻誘人溺斃，看來伥鬼是一種患有斯德哥爾摩綜合症的惡鬼呢！

　　細心的讀者或許已經留意到，文學作品為鬼「事跡」流傳的重要媒介，又或者他們本身就是文學作品的角色。不要小看文學作品的威力，七爺八爺由民間故事跳入了廟宇，《西遊記》的豬哥猴爺也有特定行業膜拜呢！

　　其實，各位讀者或許不知道，古代作家筆下的鬼跟我們現代人對鬼的「認識」有甚大的差異。不過若筆者由先秦數至現代，應該會把你們悶到把書扔掉。具有基本文學史知識的朋友都知道，要數古代志怪小說其中一段最精彩的時間必定不離魏晉六朝。以下的部分主要以魏晉六朝的志怪小說為基礎，跟大家探索一下古代作家筆下多彩多姿的鬼世界！

　　開宗明義地談談筆者在資料搜集後的結論，之後再講故事吧！常言道：「人鬼殊途」。不對！在魏晉六朝所勾勒的鬼世界

中，人鬼即便不同途，也不遠矣。鬼與人之間，除了身體外觀上有較大的差異，魏晉六朝作家對鬼的描寫其實與人的特性甚為相近。在身體上，鬼與人一樣有病、有痛，甚至會再死。另外，鬼與人一樣會餓，故而亦需要覓食。在行為和心理上，鬼與人的差異就更細微了。鬼與人一樣有喜怒哀樂的情緒、有不捨和執着的人和事、有關心和愛慕之情感、有妒嫉與憎惡之對象。在作家勾勒的世界中，鬼不一定是害人的奸角，他們與人一樣有好鬼也有惡鬼。在魏晉六朝的鬼故事中，角色不因是活人而一定是好人的角色，活人中亦有害鬼和騙鬼的壞人。綜觀現代文學作品，現代作家對鬼世界的想像倒是不如魏晉六朝的作家。要說現代的鬼故事，鬼角色的結局幾乎不出常見的兩三種：好鬼了結心願，升天或投胎轉世；惡鬼不知悔改，被打至魂飛魄散。簡而言之，述事以生人為中心，結局人鬼永不同途。然而，在魏晉六朝的鬼故事中，有女鬼嫁予活人而二人能建立美好的家庭、有鬼能重新長出骨肉而重拾人生、有狡猾的活人欺騙鬼甚至把他在市場賣掉、有故事沒有為鬼安排特別下場，只描述死者回家吃個飯等等。可見，魏晉六朝的作家似乎比我們的現代作家更有想像力呢！

2.「鬼」的身體形象

綜合筆者曾閱覽的資料而言，鬼的身體大概有以下七點特徵：

一）鬼的身體可以隨意變化；

二）鬼的身體可以隨意隱形或現形；

三）鬼的身體有肥瘦之分，卻無輕重之別；

四）鬼的身體具有不少人身的功能，如產子；

五）鬼有病有死，也會捱餓；

六）鬼會衣着裝扮；

七）鬼的身體顏色多樣。

根據志怪小説中所述，鬼的身體可以隨意變化。例如，在東晉干寶的《搜神記》第十六卷中，當中就有一節描述有鬼因不服阮瞻常持「世界無鬼」之説法，特意去挑戰阮瞻，跟他進行辯論。那鬼在「有鬼無鬼」之辯敗北後，隨即顯露鬼相，以示其真實存在，害得阮瞻一年後病逝。

客……乃作色曰：「鬼神，古今聖賢所共傳，君何得獨言無？即僕便是鬼。」於是變為異形，須臾消滅。

同卷又載另一則故事與上述的相似。故事寫在三國時期孫權在位的時間，句章縣有一位叫楊度的人晚上趕路，欲到餘姚縣去。期間遇上一名手持琵琶的少年求搭便車。少年上車後彈了數十首樂曲。誰知少年不是人而是鬼，彈奏後變臉嚇楊度，瞪眼吐舌而去。楊度好心，後來又載一老頭搭便車。楊度與老伯閒聊，說鬼很會彈琵琶。老伯回答說：「我也會啊！」原來他就是剛才假扮少年的鬼，又再瞪眼吐舌嚇楊度。楊度幾乎被他嚇死。

> 有一少年，持琵琶，求寄載。度受之。鼓琵琶數十曲，曲畢，乃吐舌，擘目，以怖度而去。復行二十里許，又見一老父，自云：「姓王，名戒。」因復載之。謂曰：「鬼工鼓琵琶，甚哀。」戒曰：「我亦能鼓。」即是向鬼。復擘眼，吐舌，度怖幾死。

　　由這兩個故事可見，魏晉六朝志怪小說中的鬼是可以隨意變化其外形，能夠隨時以不同人的相貌示人，也能隨時露出可怖的鬼相。另外，讀者們有沒有留意到故事的結局呢？故事不一定有一個好鬼升天、惡鬼被滅的結局。才子勝了辯論被嚇到病卒，好心人讓「人」搭便車卻兩次被嚇。嚇人惡鬼的結局呢？是被哪個道士收了，還是被哪位高僧超渡了？都沒有。沒有甚麼後果，他就這樣走了。對！是嚇完人就走！故事完。

　　以上的故事展示出鬼能夠以不同人的相貌示人，也能夠隨時露出鬼相。不過，話說回來，所謂「鬼相」到底是怎樣的相貌

呢？一言蔽之曰：「多元化！」所謂的「鬼相」並沒有一定的形象，有高大的、有細小的、有一足的、有腰大數十圍的，不一而論。例如，在南朝宋宗室劉義慶集門客所撰的《幽明錄》中，多於一處有「高大鬼」的描述：

> 隆安初，陳郡殷氏為臨湘令。縣中一鬼，長三丈餘，跂上屋，猶垂腳至地。殷入便來，命之。每搖屏風，動窗戶，病轉甚。其弟觀亦見，恆拔刀在側，與言爭。鬼語云：「勿為罵我，當打汝口破！」鬼忽隱形，打口流血。後遂喎偏，成殘廢人。

另外，《幽明錄》中又有一節寫阮德如在廁所見一高大長丈餘的鬼：

> 阮德如嘗於廁見一鬼，長丈餘，色黑而眼大，着皂單衣，平上幘，去之咫尺。德如心安氣定，徐笑語之曰：「人言鬼可憎，果然！」鬼即報愧而退。

前一則故事載臨湘縣令殷氏之弟持刀與鬼爭吵，結果被鬼打至嘴歪，無法治癒。後一則載阮德如曾在廁所遇鬼，那鬼在被他取笑後臉紅慚愧而去。前一則的鬼高三丈餘，後一則高丈餘。用現今的市制量度，一丈約為 3.33 米長。然則，姚明在故事中的鬼面前，還只能算是小矮人呢！

不只是身高，鬼的體形大小亦是奇形怪狀的。在宋朝李昉的《太平廣記》〈鬼八〉一卷寫「謝道欣」一節時就引《志怪錄》內容，當中對鬼的體形有以下的描寫：

> 會稽郡常有大鬼，長數丈，腰大數十圍，高冠玄服。……（謝道欣）往向夜，見離塘有雙炬。須臾，火忽入水中，仍舒長數十丈，色白如練。稍稍漸還赤，散成數百炬，追逐車從而行。悉見火中有鬼，甚長大。頭如五石籮。其狀如大醉者，左右小鬼共扶之。

「圍」作為量詞，據《教育部國語詞典重編本》定義，為「計算兩隻胳膊合抱長度的單位」。[2] 如此，一圍即一個人雙手合抱的長度。文中指「會稽郡常有大鬼，長數丈，腰大數十圍」，十圍大約是十個人圍繞合抱的長度。另外，故事又指有鬼「頭如五石籮」，那鬼的頭竟有能網五石米的大籮筐那樣大！「石」作為質量單位，其實每朝每代運算的方法都不一樣。考慮《志怪錄》寫於魏晉六朝前後，當時仍以漢代衡制作計算。按《漢書》〈律曆志上〉載，三十斤為一鈞，四鈞為一石。一石就相當於一百二十斤。漢代的一斤大約是現代的 222 公克，那麼一石大約是現代的 26,640 公克，五石豈不是有現代的 133,200 公克之重？那是 13 袋 10 公斤的米啊！

在古代的小說中，有高鬼，有大鬼，也有小鬼，真的是「燕瘦環肥」應有盡有。在南梁任昉的《述異記》中，就載有一個故事，當中的鬼體形異常細小，小得可以走進人的耳中：

> 南齊馬道猷為尚書令史，永明元年坐省中，忽見鬼滿前而傍人不見。須臾，兩鬼入其耳中，推出魂，魂

2　有關圍資料，詳見：《教育部國語詞典重編本》：〈圍〉，超連結：http://dict.revised.moe.edu.tw/cgi-bin/cbdic/gsweb.cgi?ccd=u18mxX&o=e0&sec=sec1&op=v&view=1-1，瀏覽日期：2020 年 2 月 14 日。

落屍上，指以示人：「諸君見否？」傍人並不見，問魂形狀云何？道猷曰：「魂正似蝦蟆，云必無活理，鬼今猶在耳中。」視其耳皆腫，明日便死。

　　故事指馬道猷的魂被兩隻走入他耳朵的小鬼推了出來，翌日馬道猷更因此而死。由此可以見到，鬼不只是在外形上可隨意改變，連大小亦不一而論。

　　關於鬼的外形，有一點甚為有趣。除非鬼幻化成人形，鬼的相貌多數極為古怪。造型上林林總總，沒有一定的樣貌。在晉朝荀氏的《靈鬼志》中，其中一個故事寫河內有一家人居住在山林附近。當家人外出種地時，就留七歲的女兒在家守屋。眼見女童日漸消瘦，父母追問女童是怎麼回事，女童就說有一個長丈餘而有四張臉的「人」屢次來訪。每次都把她吞下肚子裏，然後再把她痾出來：

　　女云：「常有一人，長丈餘而有四面，面皆有七孔。自號高天大將軍。來輒見吞，逕出下部。如此數過。」

　　高過三米三，有四張臉，每張臉均有七孔，把人反覆地吞下肚子再痾出來……似乎，他們不只樣貌怪怪，就連個性和品味都怪怪的……

HELP~

　　不是筆者刁鑽古怪，特意找一些樣子希奇古怪的鬼大哥跟大家分享。身形外觀古怪的鬼在古代故事中實在是舉目可見。如果你覺得有四張臉而每張臉均有眼耳口鼻已很古怪，這位「好兄弟」你再看看如何?! 南朝宋劉敬叔在《異苑》所描寫的鬼，其相貌更是古怪！

　　　　元嘉中，見一鬼，長三尺，一足而鳥爪，背有鱗甲。

　　一隻鬼約 90 厘米高，只有一腿而且是鳥爪，背上長有鱗甲……莫怪筆者想像力差，還是請讀者們自行想像和併合吧！

3.「鬼」的外貌形象

上文提及了鬼的身形和外貌，那麼樣子呢？當然，鬼的樣子可以幻化成人形，成為美女、少年和老伯，同時他們亦可以露出可怖的鬼相。有時甚至恐怖得把人嚇個半死甚至真的死了，如阮瞻和楊度的故事一般。如果仔細查看六朝故事中對於鬼面容的描寫，不少鬼的面貌都甚為可怖。《幽明錄》中就有對一惡鬼面容的清楚描述：

時籠月曖昧，見其面上黶深，目無瞳子，唇褰齒露，手執黃絲。（陳仙）即奔走後村，具說事狀。父老云：「舊有惡鬼。」

……臉是漆黑的一片，眼只有眼白而無眼珠，咧嘴露齒，手裏更拿着捆人的黃繩……那豈不是跟《驚聲尖叫》（*Scream*）的壞蛋角色差不多嗎？

《搜神後記》中亦有一故事叫〈狗變形〉，當中載王仲文在某夜回家時，見一白狗。王見着牠甚為喜歡，欲抱回家。該狗忽變為人形，相貌有如方相氏，紅色的眼睛有如冒火的一般，摩擦着牙齒，口吐舌頭，樣子異常可怖。方相氏據中央研究

院歷史語言研究所提供的資料所示，為宮廷臘月儺禮及喪禮的重要主角。他身披熊皮，熊皮的頭部裝飾着四隻金黃的眼睛，然後穿着黑色的上衣和紅色的裙子。兩手分別拿着盾和戈舞動，率一百二十名童子，分別在宮中或喪禮時，搜索鬼疫，驅趕它們。[3]

> 王仲文⋯⋯見車後有白狗，仲文甚愛之。欲取之，忽變形如人，狀似方相，目赤如火，磋牙吐舌，甚可憎惡。仲文大怖，與奴共擊之，不勝而走。告家人，合十餘人，持刀捉火，自來視之，不知所在。月餘，仲文忽復見之。與奴並走，未到家，伏地俱死。

總括以上各種引述而言，鬼的身體可以隨意變化。不論是身形大小，還是體態形狀，通通均可隨意改變。另外，鬼的身體和面容常常異於常人，而且傾向令人感到可憎可怖。有關鬼的身體之多樣性和變化性，《述異記》中有一個關於黃父鬼的故事最能展示鬼的身體是如何變幻多端：

> 黃州治下有黃父鬼，出則為祟，所着衣帢皆黃，至人家張口而笑，必得瘟疫，長短無定，隨籬高下，自不出已十餘年，土俗畏怖。廬陵人郭慶之有家生婢名採

3　有關方相氏資料，詳見：中央研究院歷史語言研究所：〈方相氏〉，超連結：http://rub.ihp.sinica.edu.tw/~hanrelief/h/h08_0202_0112.htm，瀏覽日期：2020 年 2 月 13 日。

薇，年少有色。宋孝建中，忽有一人，自稱山靈，裸身長丈餘，臂腦皆有黃色，膚貌端潔，言音周正，土俗呼為黃父鬼，來通此婢。婢云：意事如人，鬼遂數來；常隱其身，時或露形。形變無常，乍大乍小，或似煙氣，或為石，或作小兒，或婦人，或如鳥如獸，足跡如人，長二尺許，或似鵝，跡掌大如盤，開戶閉牖，其入如神，與婢戲笑如人。

黃父鬼，本身身高約 3.3 米，頭和手臂均有黃色，相貌端正，外觀整潔。唯一古怪之處，應該説他是一名露體狂吧？！黃父鬼的變化雖未至於如大聖爺一樣有七十二變，但説用來行走江湖也足夠有餘了。他可隱身可現形，體形時大時細；有時變成煙，有時變成石頭；或以小孩之身出現，或幻化婦人之身；能變飛鳥，又能變為野獸。由此可見，鬼的形象還可真的百變多端呢！

不過，也不是每一位「好兄弟」都愛赤身露體的。有時鬼的衣服打扮甚至蠻有心思的。就以《述異記》為例，當中就有不少情節描述了鬼的衣着服飾。故事講有一隻身形纖瘦、黑色皮膚的鬼袒露上身，下身只穿犢鼻褌（據《教育部國語詞典重編本》所言，犢鼻褌乃一種齊膝的短褲[4]，筆者決定下文把他戲稱「短褲鬼」），常將糞便扔進王瑤家的食物裏。後來，那短褲鬼更是用

4　有關犢鼻褌資料，詳見：《教育部國語詞典重編本》:〈犢鼻褌〉，超連結：http://dict.revised.moe.edu.tw/cgi-bin/cbdic/gsweb.cgi?ccd=q14nxW&o=e0&sec1=1&op=sid=%22Z00000047440%22.&v=-2，瀏覽日期：2020 年 2 月 14 日。

同樣手法去作弄王瑤的鄰居庾家。

> ……有一鬼細長黑色，袒着犢鼻褌，恆來其家；或歌嘯，或學人語，常以糞穢投入食中。又於東鄰庾家，犯觸人不異王家時。

庾家的人聰敏，向短褲鬼道：「你拿泥土、石頭之類的東西扔我，我才不怕！你要是拿錢扔我，我才會受不了呢！」然後，短褲鬼果真以數十新錢扔擲

犢鼻褌

庾家的人。庾某又言：「你用新錢擲我，我不怕！舊錢才能夠打痛我呢！」如是者，短褲鬼前後六七次再以舊錢扔庾家，結果庾家共得百餘錢。所以説，若有一日，你也見到短褲鬼，不用怕！跟他説你怕金吧！

有關鬼的描述，《幽明錄》亦不乏相關的內容，如上文曾提及過阮德如在廁所見到的鬼就「着皂單衣，平上幘」即是身穿黑色長衫，頭戴平頂頭巾。又有一故事指曾有一位沛郡太守名叫牽騰，他因愛好出遊而不知節制。有鬼警告他不要再如此，他卻不聽。結果被一「長丈餘，玄冠白衣」的「人」擄走。人雖被尋回，可是在五十日後身亡。「玄冠白衣」即黑帽白衣裳。另外，又有一故事載蔡謨聞鄰居家有人叫魂，出門一看剛好見到一位老太太上身穿着黃羅半袖衫，下身穿着淡青色裙子飄上半空。查問該戶

鄰居後發現，亡者之衣服正是如此。

> 蔡謨在廳事上坐，忽聞鄰左複魄聲，乃出庭前
> 望。正見新死之家，有一老嫗，上着黃羅半袖，下着縹
> 裙，飄然升天。聞一喚聲，輒回顧，三喚三顧，徘徊良
> 久。聲既絕，亦不複見。問喪家，云亡者衣服如此。

　　由以上的故事可見，不少鬼都有穿衣、着褲、戴帽，跟在生的人都沒有兩樣呢！（當然，人間亦有人閒時愛赤身露體吧……唔……連這方面都十分相似呢……）

4.「鬼」的身體設定

　　前一節我們分享了不少鬼故事，相信讀者應該感到內容很新鮮吧？《異苑》、《述異記》、《幽明錄》等六朝或以前的作品在學術研究中確實有重要地位，不過這些大多數都不為一般讀者認識。大概是因為篇幅太短，不便於改寫為話劇、電影、電視劇吧！或者因為這個緣故，它們沒有那麼廣為人知。我跟朋友談起曹丕的《列異傳》時，發現不少朋友都不知道這位大名鼎鼎的魏文帝有鬼故事作品存世呢！比較起來，不時有影視作品上畫的唐代傳奇、《搜神記》、《聊齋志異》等作品更為一般讀者所認識。然而，六朝以前的作品對鬼和鬼世界的想像力豐富，當中的描述其實遠超現代人的創意呢！

這本書的設計為一本給亡者的烹飪書，讀者可能會想亡者幹嘛要吃東西？不是燒一燒香燭，化一化冥鏹便可以嗎？咒人死時不是罵人「請你食元寶蠟燭香」嗎？才不是！按照六朝或以前的鬼故事而言，鬼的「生理需要」可多呢！這本烹飪書可是有實際需要的啊！以下讓我們透過鬼故事再了解多一點古代人描述給我們的鬼世界吧！

　　讀者們也許不知道吧？在古代人眼中，鬼和人固然有分別，可是兩者相似之處倒是不少。死而為鬼不等於不再有病、不會痛、不會再死。在魏晉六朝的志怪故事中，鬼與人一樣，有病、有痛，會捱餓，也會再死。（會捱餓！所以，這本書是一本有用的參考書啊！）

　　剛才提及過魏文帝的《列異傳》，不如向大家講一個他寫的鬼故事吧！故事是這樣寫的：漢中有一名叫欒侯的鬼神，他常住在置於房屋橫木上用來承接塵土的小帳子上，喜歡吃醃製的魚類，又能預知吉凶。某年，漢中鬧蝗禍，莊稼都給食光了。當地

這是承塵

太守遣吏員告知欒侯蝗禍的事，又以醃魚祀之。欒侯說：「蝗禍之屬小事，頃刻能除！」接下來──

言訖，翕然飛出。吏仿佛其狀類鳩，聲如水鳥。吏還，具白太守。即果有眾鳥億萬，來食蝗蟲，須臾皆盡。

欒侯變得狀如鳩鳥，發出水鳥般的叫聲。立即有成萬上億的飛鳥來到把蝗蟲吃掉，一下子就把蝗禍盡除了。

也許食醃魚的確比較嘴刁了些，可是在古人的描述中，鬼確實不吃元寶蠟燭香啊！他們和人一樣會感到肚餓，而且吃的大抵和活人吃的一樣。講到鬼也會感到肚餓而需要覓食，在《幽明錄》中就載有一新鬼因餓覓食的故事。故事開首描述一新死之鬼，外形瘦弱、疲憊困頓。一日，新鬼巧遇生前老友。老友死去已有二十年，看起來肥碩健壯。新鬼飢餓難當，於是便向老鬼求教。老鬼教新鬼到活人家中作怪，令他們感害怕至極，屆時自不然將食物雙手奉上。不巧，新鬼到了信奉佛道的家，以推磨舂米作怪，人家還以為是佛祖保佑，遣鬼使來助其推磨。經老鬼糾正後，新鬼找了一處尋常百姓家作怪。最終得以飽餐一頓。

鬼復去，得一家，門首有竹竿，從門入。見有一群女子，窗前共食。至庭中，有一白狗，便抱令空中行，其家見之大驚，言自來未有此怪。占云：「有客索

食，可殺狗並甘果酒飯，於庭中祀之，可得無他。」其

家如師言，鬼果大得食。此後恆作怪，友鬼之教也。

　　若然真的要找一個人鬼相異之處，筆者猜那應該是食相。作
為正常的人類，筆者相信我們當中沒有一個人會與夏侯玄的鬼有
一樣的食相吧？！在《異苑》第六卷中，劉敬叔寫了一個關於夏
侯玄到設祭現場食用祭品的故事。故事指三國時期的夏侯玄頗有
才名和聲望，為司馬師猜忌而殺害。夏侯玄的宗族為其設祭，他
們都看見夏侯玄來到設祭現場並在靈座坐下。

> ……見玄來靈坐上，脫頭置其傍，悉取果食魚肉
> 之屬以內頸中，畢，還自安其頭。

夏侯玄坐下後把頭摘下來放在身旁，然後把蔬果魚肉等祭品塞進脖腔裏。夏侯玄「吃」完祭品，把頭安回去頸項上以後，他說：「我向上帝申訴得直了！司馬子元（即司馬師）無後了！」這種食相……不要告訴我……你見過……我會好懷疑你到底看見了甚麼……

三、死亡的世界：也有它的飲食文化

也許，人對鬼世界的疑問，從來都沒有片刻終止過。在《續齊諧記》裏載有一則故事，有鬼因腰痛難忍而向人求醫。徐秋夫是有名的大夫。某夜裏，徐秋夫被痛苦的呻吟聲吵醒，故向聲音來源問道：「你是鬼嗎？為何會痛苦如此？你是因飢寒而需要衣服和食物嗎？你是因有病而需要治療嗎？」最後發現，因受生前腰痛所困擾，鬼是來向徐秋夫求醫的。徐秋夫之問不啻是他對斯僧平（斯僧平即故事中求醫之鬼）的疑問，也反映了人對鬼世界的疑問。終歸「人所歸為鬼」，死乃所有人的歸宿。外語亦有以「The uncertain certainty」去描述死亡。所謂 uncertain，那是指死亡何時來臨和如何來臨是不肯定的；然而，certain 的是它一定會來臨，無一人可倖免。因之，千百年來，人們對鬼以至鬼世界都十分好奇。大概害怕是其次，更主要是因為想知道自己死後，到

底有甚麼在等着他們：成為鬼以後，我們會不會肚餓？還要不要飲食？成為鬼以後，我們的樣子變得如何？到底還要不要穿衣？人生在世，老和病在死亡之前總免不了。可是，死後呢？成為鬼以後，我們還會老，還會病，還會死嗎？

魏晉六朝的鬼故事告訴了我們古代中國人對死後世界的想像。《續齊諧記》裏載有斯僧平求醫的故事，《述異記》中則載有女鬼目中有刺的故事，可見鬼是會病的。《搜神後記》第六卷有「腹中鬼」故事，腹中鬼死於八毒赤丸子之下，可見鬼是會死的。《幽明錄》就載有老鬼教新鬼覓得食物之法，可見鬼是需要飲食的。他們若欠飲食，也會跟人一樣感到飢餓難當的。更有趣的是，在魏晉六朝的鬼故事裏，我們見到他們的食物有醃魚、蔬果、魚和肉，跟我們在生的人簡直沒有兩樣。原來飲食不因人死了而終止，與死亡有關的飲食亦是我們文化裏不可或缺之一部分。多年來，基於我們中國本土的文化、也基於宗教的影響，我們發展了獨特的「死人飲食文化」：

例如，我們在處理先人死亡的過程中有特別的餐單，如解慰酒及纓紅宴。解慰酒及纓紅宴之間有甚麼分別？兩種宴席的餐單有沒有所謂正宗的？餸菜款式和點菜數量有沒有規定之格式呢？

又例如，在先人進行殯葬的前後，儀式中往往附有食物作為祭品。以藏壽飯為例，它有沒有指定要用甚麼食品？它背後的原理是甚麼？為甚麼古人會想到以食物陪葬呢？

另外，現在我們都知道，在古人眼中人死後既然也有飢而欲食之基本需求，那麼，若生前殺人放火，死後落地獄吃的是甚

麼？若生前修橋補路，死後升天吃的又是甚麼？

　　還有，中國人自古以來重生育，特別想要男丁，怕沒有人繼後香燈，餓壞祖先。那麼，供奉祖先、祭拜先人所供的食品到底是甚麼？

　　以上種種問題，後面的章節將會為讀者一一解惑。讓此書為大家揭示中國人的「死人飲食文化」，因為這正是一本 *Cookbook for the Dead*。

第二篇

正宗未死菜單

解慰酒

糖水 ......1 碗

冬瓜 ......1 個

豆腐 ...... 幾件

各種齋 ......5 盤

白碟或藍紋白碟 ......7 隻

解構「解慰酒」

這是廣東人的習俗傳統

古時民家的「治喪用浮屠（佛事）」

撰譜人：施志明

解構「解慰酒」

「解慰酒」大家聽得多,但如何製作和有甚麼需留意的地方,香港人嫌煩,所以下個訂單,請酒家餐廳安排。但畢竟是白事,付了錢總要清楚貨是否對辦,至少數量上要清楚,切忌弄錯。「解慰酒」應有七道菜一糖水,慢慢數清楚:

首先,請先吃糖水。為何要先吃糖水?有說先甜後鹹,是讓親友抹掉悲傷,也象徵逝者將後福留予子孫。說實話,做白事,糖水再甜也甜不起來。然後,「必然存在」的第一、二道菜是冬瓜和豆腐(俗語中的「有乜冬瓜豆腐」,便成為形容死亡或發生一些不好的事);再來,是第三、四、五、六、七道,都是「齋」便可。

注意一：碟子請用白碟或藍紋白碟，忌用「期壽無疆」或喜慶用的碟。

注意二：潮州人的話，糖水先行，例必紅豆沙湯圓。

一頓飯算是勉強吃下，但解慰酒到底該在甚麼時候吃的呢？

這是廣東人的習俗傳統

按照廣東人（準確點說，是廣府人）傳統習俗，辦喪事之後，家屬便安排「解慰酒」招待親朋戚友。正因為吃在葬禮及做法事之後，坊間顧名思義的說法，指吃過之後能解憂，且得安慰。另一說法，人們會視做白事的地方（如殯儀館）都是污穢、污糟，出席者易招惹「霉氣」或「行衰運」（倒運），所以「解穢酒」也是流行說法。而去殯儀館當晚，家屬開設的「齋菜」招呼，亦可稱作「解慰酒」。

我們不妨查找古籍。例如刊印於清代光緒年間的《廣州府志》記述了喪俗及葬俗：

> 喪禮，昔有用樂如蘇軾所譏，鐘鼓不分哀樂者。近來士夫悉遵丘濬儀節然，亦有仍用鼓樂者。初喪祭用，七至四十九日而止，親戚誄奠，主人報禮。元《志》所謂「喪葬必盛餚饌以待送客」是也。俗尚佛事，有識者亦為之，曰習俗固然。青烏家言，惑俗已久，有

停棺數十年不葬者，近奉嚴禁，俗亦稍變。[5]

　　上文所提及的，讀者會發覺與今天喪葬事宜相似的地方。「初喪祭用，七至四十九日而止」不就是今天七七四十九日的齋期嗎？又有「喪葬必盛餚饌以待送客」，這不就是「解慰酒」嗎？又，「俗尚佛事，有識者亦為之」可以看到做佛（法）事的重要，甚至有識之士也要跟從，所以稱之為「習俗固然」。但看到最後，字數雖不多，批評的口吻卻愈來愈強，指「青烏家言，惑俗已久」。青烏是風水的另一名稱，用上「惑俗」的字眼，可見編著者並太不喜歡，並指出下葬覓風水地導致「有停棺數十年不葬者」的問題，而政府採取嚴禁措施，「俗亦稍變」。當然，「俗」很難改變，風水命理，我們現在還是很在意，很講究。

　　又，書中細緻記述了廣府喪葬各項儀式：

　　　始死，召師巫開路安魂靈，投金錢於江，買水以浴，而七七日百日，皆為佛事。富家出殯，用筐鼓旛旅。有官者結楮為神像，具酒食於墓以待客，謂之「岡頭酒」。[6]

5　　（清）戴肇辰（修），史澄（纂）：《廣州府志》（光緒）（台北：成文出版社，1966 年），冊 1，頁 270，卷 15，〈輿地略七〉，「風俗」條。

6　　同註 5。

一方面可見廣府人講求報喪聲勢大，並流行佛事喪葬儀式。另一方面，由延請法師喃嘸、買水、擔幡、出殯、製作神像等儀式，仍然是今日喪葬的重要元素。至於「具酒食於墓以待客，謂之『岡頭酒』」句，指出當時喪家會準備酒食，在墓待客，稱之為「岡頭酒」。這葬後待客的酒食，似乎是今日的「解慰酒」的雛形。

說回頭，無論稱「解慰酒」還是「解穢酒」，「七道菜」和「齋」都成為必然的元素。我們看到古代的「盛餚饌以待送客」或「岡頭酒」，都離不開「佛事」和「七七」。更重要的是，作為孝子賢孫並未脫孝，仍有喪期要守。

古時民家的「治喪用浮屠〈佛事〉」

治喪事用上七七四十九天，這是哪來的傳統呢？喪葬儀式傳統，大抵可以分為兩個層面。以宋代為例，士大夫階層採儒禮「虞祭」（以儒家精神為核心價值執行喪儀，摒除佛道），此之所以，上文引用的段落，你會看到宋儒蘇軾，明儒丘濬，他們都是當年為了修正喪葬重回儒禮正軌的「衛道之士」，但是在平民百姓家，卻採取佛道宗教儀式。

外在因由，是喪葬儀式有階級之分，士大夫等精英治喪方法講究（如不同官爵等第有不同行禮次數、日數），時間長，不時受到風水堪輿相墓耽擱喪期進度。如宋代葬日，拖延得十分長。例如清人徐乾學留意到宋代《政和禮》以百日為卒哭，在《讀禮

通考》有言：

> 蓋緣宋時葬無定期，多在三月之外，故於百日先行卒哭之祭，葬則隨其或遲或速，而不為之限也。

逝者如果是身份地位低一些的、禮也輕一些的士人，要三個月（或踰月），即逝者要停殯超過卅日才入土為安。假若身份愈高，時間愈長，「士三月而葬，是月也卒哭；大夫三月而葬，五月而卒哭；諸侯五月而葬，七月而卒哭」，又要虞祭「安魂」。如果非常講究風水，葬日更會安排向後推延。（按：不要問我如何處理屍體……）

相較之下，七七、百日人人平等。「治喪用浮屠」反而更能配合現實所需，克期行事，葬日喪期兩不誤。七七以死日為準，每七行事而周遍四十九日，不問貴賤，重覆七次佛事儀式。

內在因由，是孔子儒家論人生、修養多，但面對死亡則以「未知生，焉知死」的態度處理。相反，佛道宗教信仰探討死亡世界更為豐富，儀式上可彌補儒家思想中所欠缺的。（關於佛道死亡觀，另見本書〈回魂套餐〉一文）

面對佛事的影響，讀書人當然希望恢復古禮。如是者，過去由宋代開始，不少儒生力抗佛事。例如司馬光指出喪俗古今訛變，說：

> 古人居喪，無敢公然飲酒食肉者。五代之時，居

喪飲酒食肉者，人猶以為異事。是流俗之弊，其來甚近也。今之士大夫居喪飲酒食肉，無異平日；又相從宴集，靦然無愧，亦恬不為怪。[7]

其時「居喪飲酒食肉」、「相從宴集」，這多少能反映喪俗與古禮標準不同，但是否稱得上「流俗之弊」，筆者不作評論。然而，士大夫精英階層排斥是一回事，人家糅合運用得宜，又是另一回事。隨時間推演，佛事的確很平易近人。再看看清人萬斯同《群書疑辨》的說法：

7　（清）張文嘉：《重定齊家寶要》，《四庫存目》本，經部冊 115，卷下，頁 721，〈喪禮・附論〉。

> 唐世以降，士大夫惑于地理，既不克三月而葬，
> 則無所憑依以為變除之節；而又篤信釋氏七七、百日之
> 邪說。……大抵當七七之期或百日之期，則釋去衰麻，
> 而易以平常之素服。

誰說宗教信仰力量不偉大？這顯然是一場喪葬變革，藉七七、百日成功革去原有的喪服變除，使得周年的小祥、「三年」的大祥僅餘象徵意義。而且，七七、百日解決了停棺不葬的問題。而「葬與不葬」不足以影響喪期進度，更成功發展成「未葬除服，日趨短喪」的風氣。清人張文嘉更狠批當年有些居喪者的「世風日下，道德淪亡」，他說：

> 奈何今之居喪者，無日不釋服，無日不從吉，而
> 且無筵宴不參預耶！[8]

難聽點說，居喪者竟然每日開 Party，毫不避忌，看透世情，真是「時代的尖端」（笑）。徐乾學《讀禮通考》亦附和他的說法：

> 夫今人之居喪，其於古人居處、飲食、言語之
> 節，所謂居喪之實者一切無之，獨其外之素服存耳。今

8　　同註 7。

> 且并其素服而易之，則是竟未嘗有居喪之文也。

　　或許，筆者應當收回宗教信仰力量偉大的説法。雖説民家重視七七，但為逝者維持早晚供奉飯菜不輟，卻需要相當成本。簡單一點説，即是要「錢」。於是，普通人家將單數（一三五七）視之為「大七」，雙數（二四六）視為「小七」。重要程度排序：頭七＞滿七＞五七＞三七＞小七，小七簡略行事。然後，再發展出「偷七」，隔着做就好了。於是「人死四十九日七變」其實不重要，最重要是「省事」。

　　看到這裏，「解慰酒」中的齋宴和七道菜，似乎充滿宗教意味，亦代表着將來仍有喪儀處理。如果要「省事」一點，或「簡約」一點，仍然是有選擇的。請看下一篇〈纓紅宴〉。

纓紅宴

糖水 ..... I 碗

生菜 ..... I 碟

紅燒炸子雞 ..... I 碟

燒肉 ..... I 碟

齋 ..... I 碟

魚和鮑魚 ..... 各 I 碟

花膠鵝掌 ..... I 碟

蝦仁炒蛋 ..... I 碟

解構「纓紅宴」

脫孝與衿，由悲轉喜？

解慰酒與纓紅宴的關鍵

溫馨提示：纓紅利是

撰譜人：施志明

 解構「纓紅宴」

上回說了「解慰酒」，可能多少勾起孝子賢孫的一些回憶。但在這些回憶中，有人數一數，似乎記得吃下的是八道菜加上一道糖水。沒錯，這不是「解慰酒」，而是「纓紅宴」。

那麼，先解構一下「纓紅宴」的菜色：

生菜（寓意生財）、紅燒炸子雞、燒肉（紅皮赤壯）、齋（不殺生）、魚（出水能游）、鮑魚（能包容能保護）、花膠鵝掌（錦上添花）、蝦仁炒蛋（多用於笑喪，或過六十歲才壽終者，除服後才能吃）。

原則上與解慰酒不同（非白事），當然比較豐富，也可吃肉。一般有八道菜加一個糖水，好事成雙。

由糖水開始吃起，意思是希望將逝者的福蔭留給子孫後代。另外，需要給逝者留一個位置，並特設餐具。

好，上菜了。先要記得夾一份給逝者，並叫逝者吃飯，然後大家才可以開始起筷，同時席間亦會派發「纓紅利是」。

不過，宴上食物倒有些禁忌：

1. 不吃瓜類，特別是蜜瓜（「瓜」有死亡的意思，「密密瓜真係唔得掂」）；

2. 不吃蓮子，有「連子，帶子下黃泉」之意；

3. 不吃牛肉馬肉，怕牛頭馬面這對地府押解專員對逝者不好；

4. 如有雞魚，例必去尾。寓意逝者無後顧之憂（不用再掛心後人），安心上路；

5. 忌用顏色鮮艷的食材；

6. 忌用「期壽無疆」或喜慶用的碟。

記憶不止於此，有時看酒家寫着的是「英雄宴」，還有 A 餐 B 餐。不打緊，「有得揀，你先係老闆（有選擇，你才是老闆）」。

在此筆者必須糾正，「纓紅宴」只能是「纓紅」，不是「英雄」。雖則誤會極為美麗，正因與「英雄」同音，所以不時被寫成「英雄宴」，與逝者英雄不英雄，無本質上的關係。「纓紅」二字與大眾的認知有些距離，從字面解是「簪花掛紅」，意味逝者神位進入祠堂，由凶轉吉，對於孝子賢孫即是可以「脫白」（脫

孝）。順着這個意思理解，這場盛宴的標準涵意，就是逝者成為祖先、子孫脫孝之後宴請親友吃的菜色。

 ## 脫孝與祔，由悲轉喜？

我們要明白喪禮總有完結的一天，其後由悲轉回正常狀態，自然值得「慶祝」。古人重視守喪的不同階段，撇除佛事影響，以漢代葬禮為例，大體有下葬前（事死如生）、虞祭（下葬之後，中介過渡期）、卒哭祔廟（轉趨於吉的祭祖禮），作出不同的處理（另見〈守孝必食菜譜〉一文）。卒哭祭在喪禮中極為重要，如《禮記‧檀弓》對其性質的界定是：

> 卒哭曰成事，是日也，以吉祭易喪祭，明日祔于祖父，其變而之吉祭也。

其意是以逝者由鬼過渡為祖先狀態作為分水嶺。其後，逝者被子孫視為祖先看待。概念上，「纓紅」屬第三階段，除服，且回歸如常。

上文提到「祔」概念。按《中國古代禮俗辭典》：

> 祔，古代祭名，即到死者祖父的廟裏去祭奠死者，使其神主附屬於祖父，因祖孫同其昭穆，故祔於祖父，於卒哭祭的次日舉行。〈說文〉：「祔，後死者合食

　　於先祖。」

　　簡言之，指逝者上祠堂。不同時代，祔祭有不同呈現。例如唐代《開元禮》卒哭後不會馬上祔廟，直至三年「禫祭」後將神主遷入宗廟（祔廟）。概念上要「三年之喪」結束再遷神主，可見守喪期間逝者神主和宗廟祖先神主是分開的。

　　宋代理學家恢復周朝古禮卒哭而祔，修正「祔」的問題。汪祁為《司馬氏書儀》作跋：

　　　　檀弓，殷、練而祔，周，卒哭而祔，孔子善殷，而云周已戚。夫周之祔，有儀禮自始死之後之節文度數，至此可祔，非殷之比。溫公雖知孔子善殷，卒從周制，亦謂喪禮敬為上也。況祔而遷者是主，高曾祖考之

> 宗子身死，而至四世蒸嘗久缺。庶惟卒哭之祔，有以體
>
> 死者之不安，祔祭為不敢緩。

　　宋儒擔心安排祔廟時間愈早，未能滿足孝子的孝思；安排時間愈遲，逝者的靈魂不安，未能與祖先合祭，而且「守喪三年」為士大夫階層的普遍標準。所以內文引述「孔子善殷」，認為「練」（練服，滿一年）便可祔廟。當然，更有說到庶民只需「卒哭之祔」。不過概念上，逝者應是「準祖先」、「祖先候補生」。

　　到了清代有《大清通禮》為庶人喪儀訂下標準：初終襲殮－成服朝夕奠－啟殯出葬－反哭、虞、卒哭及祔－小祥、大祥及禫－忌日奠－拜掃。

　　是否很複雜？簡單一點，對生者而言，就是守喪。概念上，如果以「祔」為回復正常狀態，一年便可。但按《通禮》，「禫」才是喪事終結，由凶轉吉，所以是「守喪三年」。無論如何，作為孝子賢孫的你，當知道逝者會升 Level，變為「祖先階層」，有沒有心感喜悅？

　　沒有的話，你是現代的孝子賢孫。

　　有的，你可以回到古代當孝子賢孫。

　　讀者可能會覺得，古代用甚麼葬禮，如何葬，用佛還是用道，都與今日現實生活沒甚麼關係。然而，想到「守喪一年」合理？還是「守喪三年」合宜？抑或百日？抑或七七四十九天？這些概念，在過去都有其合理涵意。

　　只是，生於現代，我們需要考量時間的價值。閱文讀書，不

妨思考一下古人話語。引文所說「高曾祖考」是甚麼？能夠回答以下四條問題，算你是孝子賢孫。

一、爸爸叫甚麼名？(廢話，當然知道父親叫甚麼名)【考】

二、爺爺叫甚麼名？(怎會不知道？)【祖】

三、爺爺的爸爸叫甚麼名？(開始慌亂)【曾祖】

四、爺爺的爺爺叫甚麼名？(暈)【高祖】

成功答對的朋友，恭喜你獲得筆者說你是「孝子賢孫」的名銜。

之後，再思考一下，纓紅宴是逝者與子孫共食的「最後盛宴」。此後，逝者吃在祠堂、吃在墳頭。祠堂見，拜山見。

解慰酒與纓紅宴的關鍵

回到現實。那麼問題來了，為甚麼今天大家傻傻分不清楚「解慰酒」與「纓紅宴」呢？按道理：

情況一：完成出殯，未脫孝，仍是白事進行中，宴請親友的，是「解慰酒」。

情況二：脫孝後，白事結束，由白轉紅，宴請親友的，是「纓紅宴」。

但是，香港人生活節奏「超特急」，喪禮也「超特急」，「最緊要快」的前提下，所以「守夜」當成「守孝」。到葬儀結束後便「脫孝」，落山後便「纓紅宴」。由於出殯、葬(土葬、火葬、海葬、花葬)、脫孝，都可以一日完成，所以混亂的情況便出現。

媽，真的很亂。

心亂，都是「拍板話事」（決定）的子孫。

好了，與親友一起吃一頓飯。孝子賢孫會選擇「解慰酒」還是「纓紅宴」呢？看着辦吧。如果鄉親父老叔伯兄弟盯着你，「孝感動天」的自有最適當的選擇。說一些參考例子，現時仍有部分客家人、香港本地圍村人，按傳統守孝一年才設「纓紅宴」脫孝。

俗語有云：「樹欲靜而風不息，子欲養而親不在。」親不在了，面對生活逼人，感受到時代的力量，脫孝要早，早些工作，重投生活。心安，日子過得去，誰能怪責？再現實一點，現時香港喪假（恩恤假）大多僅有兩天（有些公司沒有）。孝可能動不了天，但動得你的年假。

在此，送上一句話：「刑不上大夫，禮不下庶人。」作為庶人，不如想一下守孝三年是甚麼光景？（見〈守孝必食菜譜〉一文）

無論如何，「纓紅宴」的菜色和習俗與「解慰酒」確有不同，所以在酒家訂餐時要說得清清楚楚，免生尷尬。當然，覺得自己要快速脫孝，選「纓紅宴」就是了。

 溫馨提示：纓紅利是

纓紅利是，不時被誤寫成「英雄利是」（同音問題），而且經常與「吉儀」混淆。在喪禮之上，守夜當晚派發的是「吉儀」，為白事的謝禮。「纓紅利是」是送殯脫孝之後（現在於火葬或土葬當日就立即脫服）派發，表示白事完結，以紅色利是沖喜。

　　香港喪俗傳統上，纓紅利是以利是封裝着「扁柏（長壽）、紅繩（吉祥）、紅綠線和針（長線有利）及雙數金額（一般是兩元，好事成雙）」，均寓意吉利。近年為安全計，不再放針線，以免派發時刺傷手指。

　　習俗上，纓紅宴上會派發纓紅利是給為逝者送行的親友，一人一封，如有親友送行後未能赴纓紅宴，亦由其他人代領。

　　故此，纓紅利是與吉儀不同。後者喪後派發予親友，親友在路途上花掉。然而，前者可以帶回家保存，無須特意在路途上花掉。若是代替親友拿取纓紅利是，需要記得宴後將之交予該位親友。至於纓紅利是帶回家後，應該保存多久，並沒有時限。坊間說法，保留至忘記喪親的傷痛為止。

守孝必食菜譜

粥 ...... 1 碗

粗飯淡湯 ...... 若干

蔬果 ...... 幾個

調味醬 ...... 一點點

大魚大肉 ...... 出了喪期有錢愛吃多少是多少

做法

守喪三年的計算

從《儀禮》說起做甚麼

守孝餐單吃甚麼？

守喪的好處與社會現實

撰譜人：施志明

守喪三年的計算

為何是「三年之喪」？這是儒家的主張。當然，一定有人看不開，「挑戰權威」，説三年太長。孔子學生宰我有「現代人的眼光」，認為守喪三年影響社會運作及禮樂生活，所以提出新舊穀交替的時候，時序輪轉一圈，守喪「一年」已夠，於心「能安」便可。關於三年之期，孔子如此説：「子生三年然後免於父母之懷。」小孩必須在出生三年後，才能免除父母的懷抱，而父母死，守「一年」喪，就「安」於「食夫稻，衣夫錦」，過着正常的日子，父母之愛不足與其三年之愛相稱，是宰我「不仁」，愛得不夠。此之所以，孝子守三年之喪成為歷代士人普遍遵行的喪期標準。

標準定了，卻不是人人能夠「有條件」跟從。現實殘酷，始終「手停口停」，庶民階層不時有折衷方法處理守喪問題。

不過，「三年之喪」説得多，但實際上「守喪」卻不滿三年（注：中華大地，有些地區風俗上真的是「滿三年」），一般為期二十五個月（另有二十七個月）。而守喪期間，有甚麼要做？甚麼不能做？又可以吃甚麼呢？真的不能「食夫稻」？

從《儀禮》説起做甚麼

前人熊十力《讀經示要》中提及：「死喪之禮，禮經為重，此為儒學精神。」翻開漢代的《儀禮》，你會發現古代的喪葬儀

節被鉅細靡遺地記錄下來。在此嘗試整理成為時間表：

時間	喪葬儀式	喪禮階段
死的第一天內	復 - 銘 - 沐浴 - 飯含 - 襲 - 設重	始死
死的第二天內	設絞衾床笫 - 小殮 - 遷屍於堂 - 奠	二斂
死的第三天內	陳棺 - 大斂（奉屍斂於棺）- 奠 - 成服 - 杖	
死後三個月內	朝夕哭 - 朔月奠 - 筮宅 - 卜葬日	停殯
死後三個月內	啟殯 - 朝（遷）祖 - 行柩 -（壙）- 葬	送葬
既葬到二十五月（三年喪者，一說二十七月）而畢	反哭 - 迎尸 - 三虞 - 卒哭（祔）- 小祥 - 大祥 - 禫祭（喪事告終，即吉如初）	葬後

表一：喪葬儀式時間表

《大清會典》喪服總圖（與《禮經》略有不同）

看了看，守喪節目不少，由第一天開始，除了心亡事亦忙。孝子果然不易做。至於喪居的「主角」是甚麼人？依《禮》的記載：「父主嫡子之喪，夫主妻之喪，嫡子主父母之喪。」有說「喪不二主」，「主角」一般指逝者的嫡長子，但廣義上包括喪服大功以上的諸

子、子婦（媳婦）、女子（女兒）等親屬。（參看《大清會典》喪服總圖）

如果是孝子賢孫，必然是服「斬衰」三年。而血緣親疏（父系），也是服喪長短的主因。（另見本文喪服等級關係表）

至於這些繁文縟節是否重要，不妨參看孔子的說法，《禮記‧三年問》曰：

> 三年之喪，何也？曰：稱情而立文，因以飾群，別親疏貴賤之節，而弗可損益也。故曰：無易之道也。創巨者，其日久；痛甚者，其愈遲。三年者，稱情而立文，所以為至痛極也。斬衰、苴杖；居倚廬、食粥、寢苦、枕塊，所以為至痛飾也。三年之喪，二十五月而畢，哀痛未盡、思慕未忘，然而服以是斷之者，豈不送死有已，復生有節也哉？

停一停，想一想，孔子對於喪禮的形式，似乎仍有討論的空間，唯獨是對「三年之喪」，最為堅持。而居間飲食上的要求是「斬衰、苴杖；居倚廬、食粥、寢苦枕塊」，目的何在？當然藉此表現出作為孝子的「極度哀痛之情」。

 守孝餐單吃甚麼？

很簡單，第一味「食粥」。

《禮記‧閒傳》有說：

斬衰三日不食，齊衰二日不食；大功三不食。小功
緦麻，再不食，士與歛焉，則一不食。故父母之喪，既
殯食粥，朝一溢米，莫一溢米，齊衰之喪，疏食飲水，
不食菜果；大功之喪，不食醯醬；小功緦麻，不飲醴酒。
此哀之發於飲食也。

父母之喪，既虞卒哭，疏食飲水，不食菜果；期而
小祥，食菜果；又期而大祥，有醯醬，禫而飲醴酒。始
飲酒者先飲醴酒，始食肉者，先食乾肉。

既然父母喪，斷食三日之後，才開始吃粥。儒家的思維邏輯
是，人子失去至親，心裏自必極度悲傷，所以不求食得滋味。至

於吃粥吃多久呢？在「既虞卒哭」儀式之
後，以此推算，清代禮制以百日為期，
現代好一些，以四十九日為期，便開始
「疏食飲水，不食菜果」（大概是粗飯淡
湯）。「期而小祥」（期指一年），可以
「食菜果」。「又期而大祥」（二十四個
月），可以有「醯醬」（酸味的醬），
可以調味；到「禫」（二十五個月守
喪期滿），「飲醴酒」代表回復正常
食肉、飲酒的生活。

刻苦嗎？孝子由禁食、粗食、食菜果，最後回復正常，食肉、飲酒，呈現飲食與身心轉化的密切關係。

「衣」及「住」也是同步。衣着上，卒哭祭前衣粗麻，卒哭後則衣葛（質地較細緻），滿一年後，由葛轉為絲，呈現由粗糙到精細。居住上，未葬之前，守喪孝子當居倚廬，由「住得不適」（刻苦）逐漸「住得合適」（正常），住回家中，恢復正常生活。[9]

香港仔華人永遠墳場，可見大家族仍有墓廬。（相片由鄧家宙博士提供）

9　按鄭玄注：「中門之外，東方北戶」，有別於平日燕居之居內室，並於倚廬中「寢苫枕塊」、「不塗」（無文大凶狀態）；下葬後，挂楣以納日光，以泥塗牆以避風寒（轉為「翦屏、柱楣、寢有席」的狀態）；守喪滿一年，居處再往內而至「堊室」（即殯宮門外東牆之下）；禫祭之後，居處上回復正常。由室外而至於室內，即「大祥居復寢」、「祥而外無哭者」。

總括而言，儒家以「喪事即遠」、「節哀順變」漸進式處理死亡問題，也是守孝者與逝者之間的互動。

但「自古以來」，守喪有何好處？

守喪的好處與社會現實

歷朝歷代，以孝治國、治天下是統治者的管治法寶。漢代《孝經》更是廣為流傳的經書。漢代開始，朝廷規定官員「丁憂」，「丁」是遭逢、遇到的意思，「憂」是指父母或祖父母等直系尊長等喪事。官員遇上丁憂，必須解職，守孝三年，期滿後復職。故此，或多或少，對士人的仕途有所影響。

此之所以，守喪飲食等是否如禮，一方面是體現「孝道」的重要象徵；另一方面，也轉化為虛偽，成為流於形式化的禮儀。為甚麼說是虛偽和形式化？是因朝廷均標榜以「孝治天下」，所以如有官員丁憂，匿喪不報的話，會遭到官場的「同事」彈劾。

最經典的例子，有明代張居正。萬曆五年（1577 年）張居正父親離世，按制丁憂三年，但張居正位居首輔，萬曆皇帝提出「奪情」（奪去父子之情，戴孝辦公）留職。或許萬曆皇帝很需要張居正，或許張居正很需要地位權力。無論如何，此舉一出，引發政敵彈劾。情況就好像現代人揭發有婦之夫有情婦，有男朋友的女生「暗交」、「偷食」有婦之夫一樣，「失德」足以摧毀人的事業、名聲。不過，守孝丁憂要緊，還是國事緊要？總之，古代官場的口水戰，不守孝就是「失德」，不用分那麼細。

當然，今天香港並不會有人「寢苫枕塊」，也沒地方建「墓廬」（逝者龕位也難得），更不要説「五服」。至於「食粥」，象徵意義勉強還能做得到吧。至於「風俗」上説要守孝四十九天，説不能剪髮、剃髮，恐怕也沒有多少人跟從。生活艱難，自行「奪情」者多，「丁憂」者少。「孝」與現代人愈走愈遠，反而「廿四孝」的父母愈來愈多。不過，感謝父幹母幹時，不妨發乎心，想念一下親恩。

喪服等級	父系服喪親屬	母系服喪親屬
斬衰	子為父，父為長子，妻為夫，妾為夫，未嫁之女為父，承重孫為祖等。	無
齊衰	妾為夫之長子，庶孫為祖父母，為伯父母、叔父母，為昆弟，為昆弟之子，祖父母為嫡孫，婦為公、婆，伯母、叔母為夫之昆弟之子女，孫女為祖父母，為曾祖父母，姪為未嫁之姑等。	子為母，母為長子，未嫁之女為母，夫為妻等。
大功	姪為已嫁之姑，為從服昆弟，為庶孫，出家之姑為姪，妻為夫之祖父母與夫之伯父母、叔父母，伯、叔父母為夫之已嫁姪女等。	出嫁女子為眾昆弟等。
小功	為從祖祖父母、從祖父母，為從祖昆弟，為出嫁之從父姊妹與孫女，為夫之姑、姊妹，娣姒婦，公、婆為庶孫等。	為外祖父母，外甥為從母（姨），從母為外甥等。
緦麻	為族曾祖父母、族祖父母、族父母、族昆弟，祖父母為庶孫之婦，為已嫁之從祖姑與從祖姊妹，族父母為從祖昆弟之子，曾祖為曾孫，為父之姑，為夫之諸祖父母，為夫之從父昆弟之妻等。	外祖父母為外孫，庶子為父後者為其生母，為從母昆弟，舅為外甥，外甥為舅，岳父母為婿，婿為岳父母，姑之子為舅之子等。

表二：喪服等級關係表

第三篇

家鄉新死食譜

藏壽飯

 材 料

白飯 ...... 1 碗

紅豆 ...... 若干

綠豆 ...... 若干

瓮或袋 ...... 1 個

糖果、餅乾、花生、茶葉 ...... 隨意

做 法

藏壽飯是甚麼來呢？

喪事的大小事

葬在何方

撰譜人：施志明

藏壽飯是甚麼來呢？

作為孝子賢孫的看官，或許經歷過這一幕……

喃嘸師傅或禮儀師會安排好一紅一綠的瓮或袋，放置在逝者封棺內。細問一下，便會知道這些稱之為「藏壽飯」。那麼，寓意是甚麼呢？就是希望逝者在陰間路上「有飽飯食」（有飽飯吃），來生豐衣足食，所以數量上放多少也可，但至少需要一對。另有一種說法，這是「餵飯」儀式，由孝子進行，而逝者「吃飽飯」後會與祖先會面，寓意是庇佑子孫事業順利。

新死食譜中的這第一頓飯不難做，傳統製法如下：

首先煮熟白飯（可用糯米），或混入紅豆和綠豆，前者代表大吉，後者代表長壽。然後由喪家按長幼次序排列，輪流取一些飯、紅豆、綠豆，放入瓮或袋中，完成。

完成料理後，用瓮盛載的，那瓮稱之為「壽飯埕」。然後在逝者「入殮」（或稱「請殮」）時放置其腳邊。很好，一路好走。

注意！這只適用於土葬，因為「壽飯埕」火葬的話，「會爆炸的！！！（成龍腔）」（＊瓮高溫受熱後出現爆破聲）

若果逝者要「火葬」的話（亦可能是「要」逝者「火葬」），便要用袋裝載「壽飯袋」。因為是貼心的設計，好讓逝者一路好走，方便吃用，紅袋放在其左手，綠袋放在其右手。袋內除了上述的料理組合，也會放入糖果、餅乾、花生、茶葉，可謂與時並進。

好了，假設逝者一路上準備享用這頓料理，便會面對第一個難題——「掞口」。

年輕一代少聽到「掞口」一詞，但有些時候會聽到有人說某某「冇銀掞口」，意指那人的口就算死也合不上，形容話多的人，繼而多用於咒罵那些沒半句好話的人。哼哼，廣東話罵人的說話博大精深，但「掞口」是甚麼呢？

「掞口」又稱之為「口寶」，是在逝者口中放入錢幣或珠玉等等，寓意逝者來世金錢富足。但正所謂各處鄉村各處例，千里不同風，百里不同俗，也受到時代影響。所以，掞口之物，各有不同，例如用銅錢、文銀、金銀珠，近年會用流通硬幣。

說來這些習俗其來有自，稱「飯含」。在古籍《禮記·檀弓

下》有云：「飯用米貝，弗忍虛也。」[10] 孝子不忍父母虛其口而終，因而米粒、貝、珠、玉等放置在逝者口中。又云：「不以食道，用美焉爾。」[11] 有說解作逝者不用活人飲食方式，使用米、玉更合適。What the food？

想一想，這或許應解作以貴重品並非供逝者死後飽食，而是有助保存遺體完好吧。科學一點，逝者 Body 由新死到入土為安，確實有些時間，面對冷熱乾濕的環境，總會有些轉變。「飯含」似乎是讓逝者好看些，而米與玉不易腐壞。再據《白虎通‧崩薨》有云：「所以有飯含何？緣生食，今死，不欲虛其口，故含。用珠寶物何也？有益死者形體，故天子飯以玉，諸侯以珠，大夫以璧，士以貝也。」[12] 放甚麼掞口也要看等級。不過，時代轉變了，今天沒有太講究。總之，我們知道有了「掞口」，就難單以吃飽寓意豐衣足食的「藏壽飯」；「冇銀掞口」，來生就不是有錢人。那麼，由有 Body 到土葬、火葬，進入另一個領域的過程是甚麼呢？

喪事的大小事

喪葬我們常常將其並稱。但喪和葬在詞義上顯然是不同的

10　（漢）鄭玄注，（唐）孔穎達正義等：《禮記正義》，卷9，頁168。

11　同註10。

12　（清）陳立：《白虎通疏證》（北京：中華書局，1997年），卷11，頁548。

涵蓋範圍。前者，是逝者軀體新死之後，一系列準備入土為安的儀式，如殯、葬、奠、祭。後者，所指為葬儀，如土葬、火葬，甚至今天我們時常聽到政府所說的花葬。此之所以，藏壽飯和飯含，是逝者下葬之前，離不開「事死如事生」的儀式。那麼，這個標準是怎樣來的呢？

大體來自於儒家的經典。條理清晰的，有公元前三至四世紀成書的《禮記》，以及同期的《儀禮》。再慢慢發展出如唐代《開元禮》、宋代朱熹《家禮》。到明清時期，我們可以看到士大夫按此標準，繼有《集禮》。不過，這些標準範式，也不是人人「可以」跟從。首先，這些標準是由士大夫這些「統治精英階層」主導，祖先崇拜如建宗祠也受到限制（法律上，明清時期也是），喪葬標準與民間分道揚鑣。至於民間的喪葬反而依賴佛道宗教信仰處理。

但《家禮》影響之大，甚至成為大量明清時期的族譜、彙編和會典引用。或者，可以說是文化向平民階層流動的呈現。直至清代，皇帝與平民的喪葬模式愈趨一致。其中一個原因，是因除了功名以外，財富也可取得較高的社會地位。

如此，按理我們今天所見的喪葬儀式，應是有典可據。如果撇除佛道宗教儀式影響，不妨以漢代禮書作參考，儀式由：

1. 初死、沐浴、飯含、小斂、大斂、停殯、朝廟；

2. 下葬、反哭、虞祭；

3. 卒哭、祔廟、小祥、大祥、禫祭組成。

有逝者由「下葬前」、「虞祭時」、「祔廟後」，層層過渡的

意涵。

再比較清初厚葬久喪的禮制規定，如《清史稿》士庶葬禮記述：

士庶人喪禮順治初年，定制，士、庶卒，用硃棺，槨一層，鞍馬一。初祭用引幡，金銀楮幣各一千，祭筵三，羊一。大祭同。百日、期年祭，視初祭半之。一月殯，三月葬。墓祭紙幣、酒饌有定數。通禮，士斂衣衣復襌各一，衣復衾一，襲常服一稱，含用金銀屑三，用銘旌。庶人衣復衾一，含銀屑三，立魂帛。士塋地圍二十步，封高六尺。墓門石碣，圓首方趺。壙志二，如官儀。柩舉上竹格垂流蘇，槓飾紅葚，無翣。引布二，功布一。靈車一。明器從俗。庶人塋地九步，封四尺。有志無碣。舉以布衾覆棺，不施幃蓋。槓兩端飾黑，中飾紅葚。餘略仿品官，制從殺。

可見朝廷所定的喪葬禮制，因時代略有更改，但核心不變。當然，民間地方喪葬禮儀，會融入地方特色。但有喪葬儀式藍本可依，有助正統文化推動，社會穩定。至於筆者本文指說的藏壽飯或飯含，都是下葬前的儀式。藏壽飯是陪葬品的概念，供逝者在陰間路上有飯可吃。至於「飯含」，若據考古的說法，則是與復活巫術有關。由新石器時代起已有口中放玉片；殷周時流行含玉、含貝；含玉以玉片居多，又有玉蟬、玉魚、玉珠；至秦漢時

期，含貝為銅錢所取代，玉片多刻以蟬形。[13] 另外，《荀子集解‧禮論》有言：「飯以生稻，唅以槁骨，反生術矣。」《荀子》一方面事死如生（又如「大象其生，以送其死」），另一方面「反生」，呈現逝者由生到死的過渡狀態，亦包含期望逝者復生的情感。

或許，你會聯想起《屍戰朝鮮》這套韓劇開場，就是「飯含」的畫面。

很厲害吧！這不是說劇中的屍毒傳播驚人，而是說儒家文化圈的影響廣泛，如韓國、日本等東亞地區，都有古代中國喪葬儀式的蹤跡。當中「飯含」這遠古儀式，更流傳演變到今時今日。總之，孝道便如《禮記‧中庸》所說：「事死如事生，事亡如事存，孝之至也。」呈現出逝者與子孫是情感互動的關係。

關係千萬重，甚至逝者下葬在何方，都會影響子孫的情感，甚至「福氣」。

 **葬在何方**

「藏壽飯」是為逝者上路做的準備。至於葬在哪？當然要覓一個風水地。風水，簡言之是人與自然的互動關係，就歷史上來說，來自陰陽理論與五行理論。這套理論遠在古代公元前三世紀便由鄒衍建立，並將五行與王朝統治運期聯結。在漢代，董仲舒

13　據考古發現。詳見黃展岳：〈「飯含」的原流〉，《先秦兩漢考古與文化》（台北：允晨文化公司，1999 年），頁 549-551。

進一步將之發展為「天人合一」的概念。在這種假設下，人類行動與宇宙相感應，《月令》這類書籍正是記錄這套思想系統。過去，人們會透過「天人感應」來調和大自然的循環規律與統治者的行為，甚至藉此規限當權者的失德之舉。觀念上行下效，逐步滲透平民社會。明清時期乃至今日，我們都會看曆書（或中式日曆）查吉凶宜忌。如此，墓穴也好，房屋也好，廟宇也好，宮庭都座落朝向南方的陽位。總之，土葬講究風水，火葬後骨灰龕也講究風水。風水師會引用風水鼻祖郭璞《葬書》的說法：

> 人受體於父母，本骸得氣，遺體受蔭。蓋生者，
> 氣之聚。凝結者成骨，死而獨留。故葬者反氣納骨，以
> 蔭所生之道也。經云：氣盛而應，鬼福及人。

　　對，骨灰龕還算是有骨的成分。「葬者反氣納骨，以蔭所生之道」、「鬼福及人」，說到最後就是「逝者好，後人過得更好」的概念。總之，你不懂，「他」懂就夠了。這個「他」，可以是相關專業人士，可以是叔伯兄弟三姑六婆，稍有不善，「他」便會出口指點，這也是風俗的規範。（延伸疑惑：面對土地問題，接受社會現實，綠色殯葬與風水的關係又是怎樣呢？）

　　最後，孝子賢孫是否相信人由生到死的靈魂之存在，或者供奉的祭品是否對逝者產生效果，這關係到宗教信仰及主觀願望。最重要的，就是喪葬儀式是否按照「規範」的程序進行。不懂規範如何？不打緊，專家幫到你。

回魂套餐

 材料

連殼的鴨蛋 ...... 1 個

多骨的魚 ...... 1 條

蒸蛋 ...... 1 碟

逝者愛吃的東西 ...... 隨意，有心就好

做法

不妨從一套電影《回魂夜》說起

回魂食品速遞服務全套

回魂？源自佛道的故事

撰譜人：施志明

不妨從一套電影《回魂夜》説起

周星馳電影《回魂夜》不少人也看過。整個故事，都是以「回魂」貫串。

故事講述某公共屋邨李老太身故，在頭七回魂之夜，李老太鬼魂上了孫兒身，打算向兒子和媳婦李氏夫婦報仇，幸得捉鬼大師 Leon（周星馳飾）收復李老太鬼魂。保安隊長盧 Sir 從李太鬼魂口中得知，殺人兇手乃李氏夫婦。正當 Leon 與少女阿群欲捉拿李氏夫婦之際，李氏夫婦相繼失足墮樓，李太誓言：回魂之夜，李氏夫婦將會找眾人復仇。

Leon 為保眾人安全，一星期內專門進行特訓捉鬼技巧。回魂之夜又到了，面對厲鬼級的李氏夫婦，眾人經過一番腥風血雨的戰鬥，Leon 終以犧牲自己降服李氏夫婦。生還者阿群等被送入精神病院，在 Leon 死後七天，阿群看到 Leon……

其實大眾對於「回魂夜」一説，都離不開這些字眼：「頭七」、「死後七天」、「死後一星期」，從而對回魂夜的時間認知便是死後第七天。但看官辦過喪事，就會勾起一些回憶。對了，回魂夜的時間好像有專人計算好了，在某日某時，準備些甚麼東西，一切就 OK。

顯然，「回魂」之説，是千百年來的華人的傳統觀念，相信人死後會回家，看家人最後一面，然後上路。（至於回魂報仇，屬因果問題，不多説了。）坊間流傳，當到了「回魂夜」，在家親人便要迴避，一則尊重逝者，二則怕逝者見到親人，眷戀人

間，耽誤輪迴。不過，逝者在「回魂夜」的用餐時間，是按逝者的死亡日以天干地支進行計算，所以時間上人人不同。大體坊間流傳計算公式如下：

天干 （十）	地支 （十二）
甲 / 己 = 九尺	子 / 午 = 九尺
乙 / 庚 = 八尺	丑 / 未 = 八尺
丙 / 辛 = 七尺	寅 / 申 = 七尺
丁 / 壬 = 六尺	卯 / 酉 = 六尺
戊 / 癸 = 五尺	辰 / 戌 = 五尺
	巳 / 亥 = 四尺

　　兩者相加，就是逝者的「魂頭高度」，是逝者靈魂的升降距離。說法上靈魂於人死後，每日升一尺。如為十四尺，則是死後十四天才回魂。

　　舉例：如果是電視劇《二月廿九》中的 Yeesa 於 2020 年 2 月 29 日（農曆庚子年戊寅月壬寅日）與世長辭。壬 = 六尺，寅 = 七尺，合共為十三日，表示死後的第十三天為「回魂日」（死亡當日算起為第一日）。即 2020 年 3 月 12 日。另外，又有時辰和方位可以計算。

　　時辰方位是術數概念，稱「空亡」，也是十個天干與十二個地支配對，有六十個組合。對，一如農曆新年常見的，就是那六十個。其實就是每十組，對應一個空亡組合，合共有六組。

六甲旬干支										空亡
甲子	乙丑	丙寅	丁卯	戊辰	己巳	庚午	辛未	壬申	癸酉	戌、亥
甲戌	乙亥	丙子	丁丑	戊寅	己卯	庚辰	辛巳	壬午	癸未	申、酉
甲申	乙酉	丙戌	丁亥	戊子	己丑	庚寅	辛卯	壬辰	癸巳	午、未
甲午	乙未	丙申	丁酉	戊戌	己亥	庚子	辛丑	壬寅	癸卯	辰、巳
甲辰	乙巳	丙午	丁未	戊申	己酉	庚戌	辛亥	壬子	癸丑	寅、卯
甲寅	乙卯	丙辰	丁巳	戊午	己未	庚申	辛酉	壬戌	癸亥	子、丑

如果很想看到 Yeesa，她的空亡是「辰、巳二時」，可知回魂從辰（上午 7 時）來、從巳時（上午 10 時）去。至於方位，「空亡」是地支，十二地支代表十二個不同方位。「子」為正北方，「午」為正南方，所以天文地理上有子午線，總之，順時針配對就是方位。

十二地支方位

時間知道了，方向知道了。很期待吧。女神……不，女鬼……

回歸正題，日期方位算好了，回魂餐怎麼辦？不用怕。這些充滿陰陽學說色彩的喪俗，相關專業人士可以幫到你。

回魂食品速遞服務全套

為了解決現代人生活節奏急速的問題，連喪事也要「超特急」，所以香港殯葬服務設有「回魂速遞套餐」，回魂夜前黃昏送到，方便喪家，減省買食物的煩惱，可謂相當體貼入微。

喪家準備的這一桌「回魂餐」，需要將桌子分為頭尾兩端，而各放兩份相同的祭品。為甚麼有這樣的佈局呢？傳說一份是給逝者享用，另一份為「鬼席」，是給帶逝者的靈魂回家的鬼差享

用的。鬼差是牛頭馬面，所以食用上，不要放置牛肉馬肉就是，而食物餐單則如下：[14]

1. 連殼的鴨蛋，説是祭鬼用的；

2. 多骨的魚，是讓逝者回來慢慢享用的；

3. 蒸蛋，相傳如逝者曾回來享用，蛋面會留下手指甲烘印（筆者按：冷縮後的現象？）；

4. 逝者生前喜愛的食物。

總數上需要是單數，如五味、七味、十一味餸（菜），唯不能用九味餸。

另一方面，用餐的空間也有些講究。喪居親人要將家居窗戶打開，方便逝者（靈魂）入屋。而大燈全關，營造幽暗的環境，只餘細燈亮着。但也有些師傅持相反意見，指可關閉門戶窗戶，灑些香爐灰於地，以測試逝者有沒有來。

逝者的睡床需要空置，不可讓其他人睡在上面。回魂時間前，各人回房休息。

傳説動物有陰眼，看到鬼魂會長叫長吠，所以養了貓狗寵物的，煩請送走。一則會嚇

14　　參考梁家強：《祭之以禮》（香港：梁津煥記，2011 年）。

跑逝者靈魂，二則影響鄰居。

逝者回魂時間之後，家人早上出睡房前，呼叫「大吉大利」，又將剪刀或菜刀（筆者按：房間放菜刀？防身？）擲地，藉此通知鬼魂離開，免得嚇着家人。

那麼問題來了，逝者來了又走了，沒見着，為何我們會相信有回魂？

過去報章上有不少回魂夜報道，內容頗為有趣，值得一看。摘自《華僑日報》1967 年 9 月 11 日報道「鳳凰女談夫婿回魂夜所見」。

回魂？源自佛道的故事

前設是我們相信人有靈魂，而人是由靈魂支配軀體。離開軀體後的靈魂，仍有相當意識。所以，有亡魂，就要超渡。至於是佛教還是道教產生這種「回魂」之說，現在學術上仍頗多爭議。

有的說六朝道經之中，如吳葛玄纂集《太上慈悲道場消災九幽懺》及《洞玄靈寶三洞奉道科戒營始》的齋儀，便是以深度懺悔，來消災度厄及超渡。而到了南朝《太上洞玄靈寶業報因緣經卷之八》、《生神品第十九》有「做七」的說法，視之為「回魂」、「頭七」的起源。其後逐步發展出民間流傳的故事，諸如「十王殿」的說法。人死後「送王官」（閩南人的說法），就是每逢做七、百日、對年、三年之期，到地府十王殿進行審判。你沒看錯，是三年，所以是否要守喪三年呢（苦笑）？總之，人死後，依次序送到地府受審。果然打一場人生的官司，所費時間不少，如下：

十王殿時間表

過王	名號	簡述與懲處
頭七	第一殿秦廣王蔣（民間傳說是東漢時期的蔣子文）	位居大海之中、沃燋石之外，正西方的黃泉黑路上。專司人間壽夭生死冊籍，管理陰間受刑吉凶。陰魂來到，先照孽（業）鏡臺，凡屬善人者，令接引往生天界或極樂世界；善惡參半者，按其業力送交十殿投胎轉世；惡多善少者，押送其餘各殿審判，受各種刑罰。
二七	第二殿楚江王厲（或歷，亦稱「初江王」）	掌管大海之底、正南方沃燋石下的「活大地獄」。專司在陽間欺佔拐騙、傷人肢體、奸盜殺生等罪。

十王殿時間表		
三七	第三殿宋帝王余	掌管大海之底、東南方沃燋石下的「黑繩大地獄」。專司在陽間忤逆尊長、背信棄義、教唆興訟等罪。
四七	第四殿五官王呂（或「伍官王」「仵官王」）	掌管大海之底、正東方沃燋石下的「合大地獄」。專司在陽間瞞稅不繳、耍賴欠租、交易欺詐等罪。
五七	第五殿閻羅天子包（或「閻羅王」「森羅王」，民間傳說是北宋時期的包拯）	掌管大海之底、東北方沃燋石下的「叫喚大地獄」。專司在陽間不信因果、阻人行善、誹僧謗道等罪。陰魂來到五殿，可以登上望鄉臺，眺望家中情況，一解思鄉之苦。
六七	第六殿卞城王畢（或「變成王」「變性王」「變城王」）	掌管大海之底、正北方沃燋石下的「大叫喚大地獄」。專司在陽間怨天尤人、對天溺便、不敬神佛等罪。
七七	第七殿泰山王董（或「太山王」）	掌管大海之底、西北方沃燋石下的「熱惱大地獄」。專司在陽間取屍骸做藥、離散他人至親、搬弄是非等罪。
百日	第八殿都市王黃（「都帝王」「都弔王」）	掌管大海之底、正西方沃燋石下的「大熱惱大地獄」。專司在陽間不孝父母翁姑等罪。
一年（周歲）	第九殿平等王陸（或「平正王」「平政王」）	掌管大海之底、西南方沃燋石下的「阿鼻大地獄」。專司在陽間殺人放火、強姦犯毒等極惡之罪。
三年（大祥）	第十殿轉輪王薛（或「五道轉輪王」「輪轉王」）	位居陰間沃燋石之外，正東方直對五濁世界的地方，設有金橋、銀橋、玉橋、石橋、木橋和竹橋。專司地府各殿押解到來的鬼魂，核查註冊，再押送到醧忘臺飲孟婆湯，再經轉輪臺發往四大部洲投胎。管理胎生、卵生、濕生、化生等類生靈，考查陽人在世所犯過錯，分發往畜道受報。每逢歲終彙集受報情況，呈交酆都備案。

　　如果看官喜歡看電影，或許覺得情節很似曾相識。對了，韓國電影《與神同行》就是以此作為參考。至於飲孟婆湯投胎去，請參看本書〈孟婆湯〉一節。在此一提，這裏圖表上僅為「八重地獄」，而我們今天所以説的「十八層地獄」是再度發展出來的。明清時期的小説及文學作品中的「十八層地獄」與佛經的「十八地獄」亦有不少出入。例如明代小説《西遊記》的十八層地獄是：

　　吊筋獄、幽枉獄、火坑獄；酆都獄、拔舌獄、剝皮獄；磨捱獄、碓搗獄、車崩獄；寒冰獄、脱殼獄、抽腸獄；油鍋獄、黑暗獄、刀山獄；血池獄、阿鼻獄、秤桿獄。

佛經《十八泥犁經》的十八地獄是「地底八火獄」和「天際十寒獄」：

> 火泥犁有八，寒泥犁有十。入地半以下火泥犁，天地際者寒泥犁……

說回頭，佛教因北傳、南傳路線分化為「大乘佛教（Mahayana Buddhism）」及「小乘佛教（Hinayana Buddhism）」，生死觀上出現「有／無中陰身」論爭。而「中陰」理論，在北魏時期產生出「七七」、「百日」的說法，可見於《魏書・胡國珍傳》：

> 詔自始薨至七七，皆為設千僧齋，令七人出家；百日設萬人齋，二七人出家。

所以，佛教「七七齋」，是為救度「中陰」而設。每隔七天作為一祭日，直到七七四十九天前滿為止，期間也要做超渡儀式。及後，還有百日、一年、三年等三齋，準確點說，共有「十齋」。

那麼「中陰」是甚麼來呢？中陰（又稱「中蘊」、「中有」、「中陰有」、「中間有」等）是指自「生有」至「死有」的中介過渡狀態，意味死後有物，或者攙雜了印度外道「微細身」出離肉體的觀念。所以，坊間一般說「中陰」，壽命僅為七天，非常孱弱且會逐漸消失。敦煌出土有《佛說十王經》，這經典被視為「偽

經」，但是民間佛教喪葬大多以此作為依據。

在此簡説一下「十齋」與「十王」的配置：

第一七日過秦廣王，第二七日過初江王，第三七日過宋帝王，第四七日過五官王，第五七日過閻羅王，第六七日過變成王，第七七日過太山王，第八百日過都市王，第九一年過平正王，第十三年過五道輪轉王。

其實和上文「十王殿時間表」無甚分別。所以，信佛信道，不要分那麼細。作為華人，不要在陽間説「天堂留了位置」，死後還是先送入冥界打一下官司，也請相信地獄有健全的刑法制度。

不過，説回十齋的功能，是為亡者救拔苦難的做功德儀式，免遭地獄之苦，進而轉生淨土。每七日一齋，種下生緣，佛力加持。但是，為何是七天？不是每十天？明人田藝蘅《留青日札》有説：

> 人之初生，以七日為臘；人之初死，以七日為忌。一臘而一魄成，故七七四十九日而七魄具矣；一忌而一魂散，故七七四十九日而七魂泯矣。

這是七魄具七魂泯的説法，就是生如此，死如此，對稱就是。

另外，清人屈大均《廣東新語・作七》有云：

或謂七者火之數，火主化，故小兒生而七日一變。逢七而祭，所以合變化之數也。予謂人生四十九日而魄全，其死四十九日而魄散。始死之七日，冀其一陽來復也。祭於來復之期，以生者之精誠，召死者之神爽，七七四十九日不復，則不復矣。

這是摻雜了《易》數觀念，也與上說類似。

明白了「七七齋」的概念，又明白「回魂」是渡亡。「十王殿」的故事，有警世的作用，同是讓人了解到地下世界「地獄罪苦」，充滿懲罰；家人「做七」、「誦經懺以救亡親」，憑藉僧、道超渡逝者；甚至「修功德以滅罪愆」救贖，期望的是逝者逃離法網。

　　想深一層，是否有些矛盾的地方呢？逝者全是犯下了罪孽之鬼？如果是好人，為何要喪家行善（打齋）來救亡親？

　　再延伸的話，明末清初天主教的若干教義教法，亦有不少相似之處。有充滿懲罰的地下世界，也有行善救贖的觀念。「誦經」在天主教葬禮之中同樣重要，神父司職禮儀，實有不少互通的地方。道也好，佛也好，上帝也好，總之，讓喪家好過，讓逝者好過，就好了。但是，現代人忙，脫孝快，當逝者「頭七」之後，打完一第一場人生官司，二七、三七……都沒有做，結果是逝者艱苦？缺乏營養？抑或沒錢打官司？這些都無法驗證。

　　最後，補充說明：回魂夜，其實定在死後第七天夜晚，亦無不可。至於為何會有不同的計算方法？為何摻雜陰陽五行學說？不明說，請看官自行思考（笑）。

第四篇

鬼道地獄料理

正宗街衣名菜

材料

水飯 ......1 碗

芽菜 ...... 半斤

豆腐 ......1 磚

龍眼 ...... 少許

花生 ...... 適量

做法

劣食？！

「正宗街衣名菜」乃照護餐

目連準備的是美食

供鬼是道教中元普渡傳統

撰譜人：潘啟聰

 **劣食？！**

　　讀者可能會問，農曆七月才一年一次，有機會請一班「好兄弟」食飯，為甚麼要請他們食淘水的白飯、芽菜、豆腐、龍眼等又凍又濕的食物呢？以這樣的劣食請客，既不美味，又寒酸。更甚者，如果因劣食而得罪一班「好兄弟」，來年的運勢會轉差嗎？當然不會啦！對一班「好兄弟」而言，這絕對是貼心照顧他們飲食需求的照護餐。

　　有人會問：「鬼魂中意食芽菜豆腐？」

　　解答：「坊間一般都會在化衣（俗稱「燒街衣」）的時候，準備一些祭品如芽菜、豆腐等比較凍的食品。原因是傳說鬼的喉嚨有火，在進食時食物入口化灰。故此，如果想他們能吃到祭品，

就需要準備凍的食物。」[15]

在香港，坊間一般在農曆七月都有「燒街衣」的習俗。到了七月，我們見到不少屋苑都會為住客準備燒紙祭品的大鐵桶和裝滿了沙子的香燭插槽。不少街坊都會蹲在路邊化衣，以及奉上祭祀用的食品。近年來，這些食品可謂五花八門：有豬手、燒鴨、烤魚⋯⋯筆者與母親大人提及此章寫作時，她更指有街坊教她要奉上骨頭，寓意堵住「好兄弟」一張嘴，以免他們亂說話、對人下咀咒。筆者必須要指出這些均非「正宗街衣名菜」，亦有違「燒街衣」習俗的精神。

「正宗街衣名菜」乃照護餐

「正宗街衣名菜」包括白飯、芽菜、豆腐和龍眼，甚至有人會在白飯與其他食物上倒清水。這是甚麼用意呢？或許，在我們一般人的眼中，這樣的食物是劣食；然而，在「好兄弟」的眼中，這可是能解他們燃眉之急的照護餐！他們到底有甚麼飲食需求，以至祭祀他們的食物需要又冷又濕呢？根據《佛光大辭典》引述《阿毘達磨順正理論·卷三十一》，鬼可分成九類：「閻魔王所居之處有無財、少財、多財三種鬼，此三種鬼中各復有三種，故共計九種（類）鬼。」九類鬼可以作出如下的說明：

15　黃競聰：〈破解盂蘭四大迷思〉，新假期：〈旅行與活動〉，超連結：https://www.youtube.com/watch?v=CGXmMhyX9tw，瀏覽日期：2019 年 12 月 9 日。

類別	名字	特徵
無財鬼	炬口鬼	此鬼口中常吐烈焰，熾然不息，身形則如被火燎燒之多羅樹（棕櫚樹）。
	鍼口鬼	此鬼腹大如山，咽喉則細如鍼孔，雖見諸種上妙之飲食，然不能吞嚥，故飢渴難忍。
	臭口鬼	此鬼口中恆出極惡腐爛臭氣，其臭過於糞穢，且自熏於己，故常嘔逆，若遇飲食亦不能食，常為飢渴所惱。
少財鬼	鍼毛鬼	此鬼身毛堅利，難以親近，其堅毛內鑽自體，外射他人，苦痛難忍，偶有不淨之食以稍濟飢渴。
	臭毛鬼	此鬼之身毛臭過糞穢，熏爛肌骨，蒸坋腸腹，衝喉變嘔，荼毒難忍，然若拔其毛，則傷裂皮膚，轉加劇苦，偶有不淨之食以稍濟飢渴。
	瘦鬼	此鬼於咽喉生大癭，猶如癰腫，熱痛酸疼，然又更相剝擠，致使臭膿湧出，共相爭食而稍濟飢渴。

炬口鬼

臭毛鬼

類別	名字	特徵
	希祀鬼	此鬼常向祠祀中享受祭品，猶如飛鳥，遨遊虛空，無有阻礙，蓋此鬼先世積財而慳吝不能布施，且希冀子孫之祭祀，故生於此鬼道中。
多財鬼	希棄鬼	此鬼常希望以他人所棄吐、殘留等物，供其食用，此乃因其宿生慳吝，故於有飲食之處，或見穢物，或不能見，或樂於淨物，而又見穢，隨其業力之不同，而得多寡厚薄之食。
	大勢鬼	此鬼之勢大，諸如夜叉、邏剎娑、恭畔茶等均屬之，或住於靈廟，或依於樹林，或居山谷、處空宮等，所受之富樂與諸天相同。

大勢鬼

黃競聰博士指由於鬼的喉嚨
有火，食物入口即化成火炭，因
此需要為他們準備又冷又濕的祭品
才能夠讓其嚥下食物。坊間這種做法
明顯受了佛教對於鬼道眾生的描述、尤其受炬
口鬼形象的影響最甚。說「燒街衣」深受佛教影響
絕不為過，佛教的盂蘭盆節正是民間「燒街衣」風俗其中
一個源頭。在佛教與盂蘭盆節相關故事中，鬼的造形和設定往往
跟火有關。因之，雖然佛陀教人為鬼道眾生祈福之法中並未教人
以濕冷食物作祭品，但是後來民間衍生出此法亦可算是受了佛教
的影響。[16]

 ## 目連準備的是美食

根據《佛說盂蘭盆經》的說法，佛陀教目連救母之法並不是
為亡母預備水飯、芽菜、豆腐和龍眼，而是盡世甘美以着盆中。
不過，其供養的對象不是亡母之鬼，是十方大德僧眾。《佛說盂
蘭盆經》載目連見母親苦況如下：

16　有關「為甚麼使用豆腐芽菜等供遊魂？」這問題還有其他的說法。有一
　　種說法指出，供遊魂有如請陌生人吃飯，只是一盡心意罷了，一般都不
　　會宴請陌生人吃珍饈百味。又有另一種說法指出，遊魂不是一種好的存
　　在狀態，故不希望遊魂因美食而對人世間有所依戀，早早投胎輪迴。這
　　裏補充說明，以供讀者參考。

見其亡母生餓鬼中。不見飲食皮骨連立。……母得鉢飯。便以左手障飯右手搏飯食未入口化成火炭。遂不得食。

　　「盂蘭」二字其實有開宗明義之效。「盂蘭」梵文是ullambana，其為「救倒懸」之意。目連見母親慘狀，悲痛萬分，急欲救母親免受倒懸之苦，便請求佛陀賜教能使母親由鬼道苦中解脫之道。佛陀教目連在七月十五日供僧，以供僧功德回向亡母。七月十五日有甚麼特別呢？七月十五日又名為「僧自恣日」或「佛歡喜日」。印度為熱帶氣候，夏天時候蟲蟻特別多。為免走動時容易傷害生命，於是佛陀定每年夏季中有九十日，僧眾聚

集一處安居，堅持戒律，專心修行，此稱之為「結夏安居」。三個月後為結夏安居功德圓滿的解夏自恣日。由於僧眾這三個月的精進用功，諸佛菩薩皆歡喜，故此又名為「佛歡喜日」。佛陀就是教目連於此日供養眾僧，藉此功德救拔其母，讓其脫離餓鬼道。

據《佛光大辭典》的說法，這就是後世的人辦盂蘭盆之始。因此，其實盂蘭盆供的不是劣食而是美食！對象不是鬼而是僧人呢！不過，我們可以見到目連母親的身體形象也是喉嚨有火，飯食未入口便化成火炭。從以上故事可以推測，目連母親的身體形象亦是使得一般民眾以濕冷食物作「燒街衣」祭品的其中一個源由。

供鬼是道教中元普渡傳統

那麼，祭祀鬼的習俗又因何而來呢？據周樹佳《鬼月鈎沉——中元、盂蘭、餓鬼節》所述：「今人都稱鬼節為盂蘭節，但鬼節實始自道教的中元節，也即道教天地水三官信仰中的地官誕辰，拜祭的是中元二品地官清虛大帝。鬼節初本與佛教無關。」[17] 中元二品地官清虛大帝有甚麼特別，以至拜祭他的日子會成為鬼節呢？原來農曆三月十五為「上元節」，七月十五日為「中元節」，十月十五日為「下元節」。按何志平的〈盂蘭節、中元

17　周樹佳：《鬼月鈎沉——中元、盂蘭、餓鬼節》（香港：中華書局，2015 年），頁 2。

節、鬼節〉所述，在道教的系統裏，中元節的時候，地官會持人鬼錄簿去檢閱善惡。若被地官選中，選中者則永世難以超脫。因之，民眾在當日不只會祭拜祖先，也會祭祀一切亡魂，祈求地官赦免他們的罪，有普渡之意。道士亦會在那天供奉花果、設壇頌經作法事，相關法會又稱「中元普渡法會」。[18]

話你知 鬼王

　　現在當人們提到鬼節，十居其九都說是七月十四日。為甚麼上文說是七月十五日呢？原來有段故。據《歸善縣志》（1783 年）卷十五〈風俗〉記載，鬼節本在七月十五日，但當年客家人為逃避元兵，將中元祭祖的日期提前一日至七月十四日。

　　為甚麼今時今日的鬼節既有為佛教盂蘭盆的元素，亦包含了道教中元節的元素呢？在回答這條問題之前，先告訴讀者們一項有趣的冷知識。早在道教中元出現之先的先秦時期，楚人在秋七月就已有大祭鬼神之習俗。由此推測，作為中國土生土長的

18　何志平：〈盂蘭節、中元節、鬼節〉，載於香港政府民政事務局網頁，超連結：https://www.hab.gov.hk/file_manager/tc/documents/whats_new/from_the_desk_of_secretary_for_home_affairs/shaarticles103_20060301_c.pdf，瀏覽日期：2019 年 12 月 11 日。

宗教，道教以七月為中元節與古代傳統思想密不可分。[19] 陰陽五行學説乃道教世界觀構成的重要元素。按高洪興的説法，將鬼節定在七月間與陰陽五行學説有着密切關係。

簡單而言，根據陰陽五行理論，鬼屬純陰。在一年之中，春是陽之始，夏是陽之盡，陽盡而轉陰；秋是陰之始，冬是陰之盡，陰盡而又轉陽。故在陰陽五行理論影響下，古人認為陰在秋初約七月萌生，屬陰的鬼就在此時開始活躍。因此，出於期望去世親人得享平安的心態，陽間子孫會在家中祭拜祖先；出於避禍心理，古人就在七月祭拜孤魂野鬼，免其為禍作祟。道教的中元節就在這種傳統思想影響下誕生。

19　高洪興：〈中國鬼節與陰陽五行：從清明節和中元節說起〉，《復旦學報（社會科學版）》2005 年第 4 期，頁 134。

基於陰陽五行理論，秋是陰之始而鬼自陰間出，故七月中元節後人對祖先的祭拜是在家中進行。原理就像是把祖先的鬼魂接到後代子孫的家中一樣。春是陰盡而陽始，屬陰的鬼活躍期到此為止，會回到陰宅亦即墓廬歇息。故此，三月清明節後人要到墓地進行對祖先的祭拜。

高洪興對民間習俗兩大鬼節的特質整理如下：

		清明	中元
祭祖	地點	墓地	家裏
	墳墓	填土整修	不整修
	紙錢	墓地焚化和掛在墓地。時間要早。	設供堂中，祭畢焚之於庭。
祭祀祖先之外的其它鬼神	對象	先祖墓廬的左鄰右舍	先祖墓廬的左鄰右舍
	目的	在陰間，先祖的左鄰右舍與先祖互相和睦。	免其為禍作祟
觀念		收鬼	放鬼

回到剛才的問題，我們可以見到今時今日的鬼節其實是佛教、道教及民間宗教的元素兼而有之，為甚麼呢？這固然是與長時間的佛道融合有關 [20]，亦與中國文化中儒佛道三教的和諧、調和精神的特點有關。[21]

現在的盂蘭盆節，其實就是佛教、道教及民間宗教調和後的產物。佛教的盂蘭盆其實不是節日，目連的母親已即於當日，得脫餓鬼一劫之苦。以節日看待七月十五日，這是道教祈求地官赦罪的做法及日子。中國人一直對「鬼」的身體形象沒有一致性的觀念，更遑論甚麼口噴出火焰、喉嚨如針孔般小的形象。佛教的盂蘭盆始於目連救母的故事，內含孝道的精神，與重視孝道的中國文化極相符。由此去思考，我們不難理解為甚麼「燒街衣」的食物祭品都是針對目連母親的情況而預備呢！

對盂蘭盆的背景有所了解後，相信讀者們下一次見到街坊「燒街衣」的食物祭品時，應該不會再認為它們是劣食吧？它們可是富有關懷和人情味的照護餐呢！

20　周樹佳：《鬼月鈎沉──中元、盂蘭、餓鬼節》，頁 2。

21　秦家懿、孔漢思：《中國宗教與西方神學》（台北：聯經，2011 年），頁 221。

地道地獄料理

材料

烊銅 ...... 無限

蟲蛆 ...... 無限

鐵汁 ...... 無限

利刃 ...... 無限

鐵丸 ...... 無限

做法

地獄廚房　食咗先講！

黃泉蒿里　到咗先講！

地獄廚房之由來

正宗地獄菜

撰譜人：潘啟聰

地獄廚房　食咗先講！

　　若干年前香港某大電視台有一系列的綜藝節目叫〈美 X 廚房〉，女明星即席下廚，殘害主持的舌頭，虐待嘉賓的味蕾，非常受觀眾歡迎。至於受歡迎的原因，估計節目製作總監是知道的，要不然節目的口號不會設計為「美 X 廚房～♪♩♫♫食咗先至講～食咗先至講～」了。

　　假如讀者你被邀請去米芝蓮三星餐廳食飯，你還需要抱着「食咗先至講」的覺悟嗎？筆者有看過這個節目，各種煮爛的、未熟的、重鹽的、怪味的菜式……總覺得主持們節目後不免流連

廁所，纏綿馬桶。節目於最後更來了一場「地獄廚神爭霸戰」。人間地獄莫過於此。

然而，真正的地獄呢？鬼魂也有飲有食嗎？「飲食」又是甚麼？真正的「地獄廚房」到底有多恐怖？！此章將一一為讀者揭秘！

黃泉蕎里　到咗先講！

講到地獄，相信大家都不會感到陌生。在大家的心目中，那一定不是一個好地方。地獄是一個聚集惡人、罪人之地，無盡的苦楚和酷刑正在等着他們。血腥味和焦肉味混集在地獄的空氣中，撕心裂肺的慘叫聲不絕於耳。這樣的描述符合讀者們心目中的形象嗎？可是，事實上，這原本並不是中國文化對死後世界的描述。

那末，古代中國對人死後的去處有怎樣的描述呢？

《春秋左傳》記載了一個很有名的故事。故事講述鄭莊公母親武姜生了兩兄弟，武姜因哥哥莊公出生時腳先出來造成難產，因此厭惡他而寵愛弟弟共叔段。後來，武姜甚至支持共叔段推翻一國之主莊公。莊公非常生氣，一怒之下發誓這輩子不到黃泉，便不再見母親。

> 遂置姜氏于城潁，而誓之曰：「不及黃泉，無相見也！」

後來，莊公感到後悔，但又忌諱曾許下的誓言：

> 穎考叔……對曰：「君何患焉？若闕地及泉，隧而相見，其誰曰不然？」

莊公聽從穎考叔建議，挖地道直到湧出泉水，便在地道與母親重聚。誓言中的「黃泉」明顯為古人相信人死後會到之地方。古人相信天玄地黃，泉水又來自地下，故以「黃泉」稱地下世界；後來莊公為見母親，取巧以挖掘泉水（古代時黃泉同樣具有地理上的意義，指地下泉水）以應誓言內容。不過細心思考莊公誓言，兩母子不到黃泉不相見，黃泉總不會是可怕的地方吧？不然，莊公豈不是在詛咒自己嗎？如此看來，黃泉在古代中國文化中，只是被理解為人死後之去處。當中並沒有甚麼刀山、油鑊、火海等的刑罰等着到了黃泉的人。

不過，如果讀者們文學根柢底深厚，你也許會問：「我記得《楚辭》有一篇作品把地下幽都寫得極為恐怖啊！」對！古代確實有另一篇提及死後去處的文章，它就是《楚辭》中的〈招魂〉了。當中載有一些恐怖的事物，節錄原文如下：

> 魂兮歸來！君無下此幽都些。土伯九約，其角鬊鬊些。敦脄血拇，逐人伂駓駓些。參目虎首，其身若牛些。此皆甘人。歸來！恐自遺災些。

在〈招魂〉之中，作者希望招回靈魂[22]，並且描述了地下幽都的景象。那可真是恐怖至極！幽都中有土伯，東漢文學家王逸注釋〈招魂〉時說：「言土伯之狀，廣肩厚背」、「言土伯之頭，其貌如虎，而有三目，身又肥大，狀如牛也。言此物食人以為甘美……」有怪獸如此，幽冥國都果真恐怖非常。

然而，若通讀〈招魂〉一篇，不只是幽都十分可怕，就連大家心目中的好去處──上天，都可怕異常。幽都有土伯，上天亦不遜色。上天有九重門、神虎、神豹、豺狼及一身九頭的大力士。我猜讀者們可能會想：「咦？這不對啊！幽都或許恐怖非常，但幹嘛上天都那麼恐怖？」

實情是，作者在〈招魂〉中把東南西北四方並天上地下都形

22　有關誰是〈招魂〉作者以及文中招的魂是誰這兩個議題，自古以來爭論不休。作者方面，有說法指作者是屈原，也有說法指是宋玉。招魂方面，有指是屈原招楚懷王，有指是宋玉招楚頃襄王，有指是屈原自招其生魂，更有指是宋玉自己擬作屈原去自招其魂。這麼複雜……筆者不願參一腳，此處還是用「作者」和「靈魂」就算了。

容得十分可怖。東方有索魂長人及十個太陽；南方有黑齒人、蝮蛇、狐狸和九頭雄虺；西方有流沙千里、龍身人頭的雷神、巨大的紅螞蟻、偌大的黑蜂；北方也有厚冰、有飛雪。為甚麼呢？答案很簡單，作者在〈招魂〉中招回靈魂的方法是運用了「唬」字

訣！總括作者的行文邏輯，他在說：「靈魂呀～靈魂呀～不要離開你的身體，也是你的安樂之處而去。東南西北上天下地都好恐怖、好危險。你快快回來！」雖然《楚辭》是中國文學中的瑰寶，可是若以〈招魂〉去了解古代中國人對死後世界的看法，實在不能夠作為有效的參考呢！

By the way，〈招魂〉所描述的世界，真的好恐怖……就算我是生人，那亦不代表我不會怕……

反之，《春秋左傳》裏鄭莊公的故事雖然對死後的世界沒有甚麼描述，然而當中對死後世界的語氣卻屢見於其他的古代文獻之內。例如在《樂府詩集》中有詩云：「蒿里誰家地，聚斂魂魄無賢愚。」人無分賢達還是愚昧，死後魂魄均聚蒿里。如此可見，蒿里並不是懲罰惡人之地。又例如，陶淵明在〈祭程氏妹文〉中就言：「死如有知，相見蒿里。」若然蒿里為可怕受苦之地，陶淵明又怎會期待自己死後與其妹在蒿里相見呢？

話你知 鬼王

中國古代其實有不少的詞彙代表死後世界。「黃泉」相信是最為人熟悉的了。然而，中國文化中仍然有些詞彙指死後世界的，例如：蒿里、梁父、九泉、幽都等。

蒿里，根據《教育部國語詞典重編本》釋義為：「地名。位於泰山南面，相傳為死者葬身之所。」後為墓地的通稱，亦指代死後世界。

蒲慕州在〈中國古代的信仰與日常生活〉中的研究所得與以上的觀察吻合。蒲氏指出據現存的漢代出土墓葬文物中，我們可以見到死後世界與活人世界相類。按照一些漢文帝時代的陪葬竹簡，當中有「地下主」、「地下丞」、「墓伯」、「魂門亭長」等「官銜」。可見，在漢代人心目中，死後世界亦有社會組織。

　　據蒲氏的資料搜集和整理，不只是社會組織，有出土文物顯示漢朝的人有可能相信死後仍存在着另一種的生活。考古學家在一些墓磚上發現刻有文字，文字為一些祝福性文辭，文辭內容與一般祝福生人的無異。例如，「長樂未央」、「壽若太山」、「長生壽考」、「富貴」等。若再配合墓室壁畫或磚畫上所描繪的各種日常活動，在漢人想像中的死後世界不只與活人世界相類，似乎基

壁畫來自河南密縣打虎亭大型漢墓，圖片刊載於：趙世綱，〈河南密縣打虎亭發現大型漢代壁畫墓和畫象石墓〉，《文物》，1960 年第 4 期，頁 27-30。

本上是樂觀、愉快、無憂無慮的。

再者，筆者在第一章亦提及過，從中國古代的故事可見，鬼亦不一定要到黃泉蒿里裏去，不少都「生活」在我們之間。無怪古代人在面對生死之時，不少人都大方地說：「蒿里再見！」這真的是「黃泉蒿里，到咗先講！」

# 地獄廚房之由來

其實，由以上的引述可知，我們現在心目中的地獄並不發源自中國本土的文化。中國本土文化的死後世界是所有人死後都會到的地方，那並不是惡人受報之地。雖然都有「報」（報應）的概念，不過那是基於中國人的死後世界仍有社會組織和官僚體系。

有刀山、有油鍋、有酷刑之地獄是佛經中的地獄。陰森恐怖的地獄因佛教傳播引入中國，後來再由善書流通於民間。

所謂「善書」又叫「勸善書」，顧名思義是勸戒世人止惡行善的書。由於內容顯淺通俗，所以對社會的影響甚大。勸善書的內容不一定是來自某家某宗某派的思想，更多是兼融儒、佛、道三教之說。或說因果報應、或說忠孝節義、或說積善濟世等思想。因此，為警惕人諸惡莫作，地獄的描寫乃勸善書的其中一大主題。以下有關地獄眾生之「飲食」就以佛經及善書的內容作為參考。

在佛教的世界觀之中，其實鬼道和地獄道是六道輪迴的不同去處，兩者並不一樣。印順法師在其《華雨集》中曾指出：「佛法傳來，在重信仰的民間佛教中，鬼與地獄有了混合的傾向。特別是盛唐以後……鬼與地獄被混合為一，成為民間的信仰。」中國古代對鬼的定義，大約不出「人所歸為鬼」之意思，但按照佛教的世界觀，「地獄眾生」是上期生命結束，投入輪迴後的生命。

在《佛說十八泥犁經》中，佛陀就有言及居於泥犁的「眾生」之壽歲。例如，在第一犁中的眾生其「壽人間三千七百五十歲為一日。三十日為一月。十二月為一歲。萬歲為人間百三十五億歲」。

其實在佛教的世界觀之中，地獄又豈止坊間認為的十八層吖！《地藏菩薩本願經》就載有大地獄名號曰大阿鼻地獄，當中有二十二個眷屬獄，包括：四角地獄、飛刀地獄、火箭地獄、夾山地獄、通槍地獄、鐵車地獄、鐵床地獄等等。而且，經中亦明言：「鐵圍之內，有如是等地獄，其數無限。」《佛說十八泥犁經》提及十八泥犁之名就有先就乎、居盧倅略、桑居都、曰樓等等。在《佛說觀佛三昧海經》的〈觀佛心品　第四〉中提及地獄的名字如下：阿鼻地獄、十八小地獄、十八寒地獄、十八黑闇地獄、

十八小熱地獄、十八刀輪地獄、十八劍輪地獄、十八沸屎地獄、
十八鑊湯地獄⋯⋯

那麼，在這些地獄中的「飲食」又是怎樣的呢？對！飲食二
字筆者用引號將之標示起來。原因是在地獄裏要「飲」要「食」
根本不能自主。當中的眾生不想放入口的「食物」亦由不得他
們，跟一般人之謂飲食絕不一樣！

 ## 正宗地獄菜：沸屎鐵丸

在《長阿含經》〈世記經〉中有「地獄品第四」一章，當中
載有一段有關「沸屎地獄」的描述：

> 其地獄中有沸屎鐵丸自然滿前，驅迫罪人使抱鐵
> 丸，燒其身手，至其頭面，無不周遍。復使探撮，舉著
> 口中，燒其唇舌，從咽至腹，通徹下過，無不燋爛。

抱加熱鐵丸也好、吞加熱鐵丸也罷，
反正，筆者小時候在籌款節目中曾見
過有人飲滾油和啃燒炭，可謂見慣
不怪。然而，沸屎地
獄的鐵丸則不一
樣。它們是用沸
屎加鐵丸的，而

且不只是抱着，更要吞者吞下肚子，自唇舌到咽喉，再至腹部，無一不被沾滿沸屎的鐵丸燒至燋爛……

 ## 正宗地獄菜：消銅熱飲

地獄中，餓了有紅燒鐵丸，要是口渴了呢？有飲品嗎？有！據〈世記經〉中所載，地獄中有一處名叫「渴地獄」。到了渴地獄後之遭遇如下：

> 獄卒問言：「汝等來此，欲何所求？」報言：「我渴。」獄卒即捉撲熱鐵上，舒展其身，以熱鐵鈎鈎口使開，消銅灌口，燒其唇舌，從咽至腹，通徹下過，無不燋爛，苦毒辛酸，悲號啼哭。餘罪未盡，猶復不死。

出走飢地獄後，將到達渴地獄。到了渴地獄就會有「消銅熱飲」了。所謂「消銅熱飲」，乃將銅塊熱熔為汁液，然後獄卒會以鐵鈎勾開其口，將銅汁灌入口中。銅汁從唇舌直通咽腹，銅汁到處無不燋爛。不過，「屎」字未有出現在此地獄之描述。算是比較幸運吧？

 ## 正宗地獄菜：膿血熱湯

在地獄中又有一處叫「膿血地獄」。此處的地方很大，面積

是「縱廣五百由旬」。「由旬」是古印度的長度單位，按《大唐西域記》〈卷二〉指，乃古聖王一日軍行之距離。這個地方的設定頗為噁心：

> 其地獄中有自然膿血，熱沸涌出，罪人於中東西馳走，膿血沸熱，湯其身體，手足頭面皆悉爛壞。

在這種地方，能有「飲食」嗎？答案是肯定的，不然筆者為何提及它。

> 又取膿血而自食之，湯其唇舌，從咽至腹，通徹下過，無不爛壞，苦毒辛酸，眾痛難忍。餘罪未畢，故使不死。

此處的眾生會「取膿血而自食之」，而由於膿血熱沸，故會做成燙傷。

正宗地獄菜：鐵鍼菜

除了佛經之外，善書中亦有不少關於地獄的描述。雖然不少善書講述的地獄之名明顯是源於佛經，但是由於近現代的善書以白話寫成，加上現代的印刷品更是加入了不少插圖，甚至是漫畫，有時它們比佛經講得更加繪影繪聲。

在《洞冥寶記》中就載有地獄名為「刺嘴地獄」。據《洞冥寶記》之描述，此地獄為四殿五官王所管轄，當中有不少鬼卒以鐵針「招呼」地獄裏的「人」：

　　果見那邊有許多鬼卒，手執鐵鍼，有長有短，仍揪住耳，向犯人嘴上亂刺，旁一鬼曰：「這箇雜種可惡，須用長鐵刺他的喉舌，方足蔽辜。」說罷，即以長鍼刺入，犯人大叫一聲，血流出口，即無聲息，想喉舌被那長鍼刺破了。

正宗地獄菜：糞汁伴飛灰

　　同樣在五官王轄下，有地獄名為「飛灰塞口獄」。在生時食牛犬五葷三厭，又常以不潔淨之茶酒齋饈水果，供奉神前，或以穢食餵人等罪即墮入此處。有關此處之刑罰，既是白話，還是看官自己看吧！

> 只見鬼卒將犯人綁在木竿上，一鬼用鐵箸將其嘴敲開，一鬼以灌斗盛糞灰，塞入口內，令犯人嚥下，未吞盡者，以糞汁灌之，必令吞盡而後已。

　　其實，地獄料理又豈止這幾道菜？地獄真係好可怕……各位朋友，讓我們多點做好事，少點做壞事吧……

第五篇

家傳祭祖套餐

春秋二祭祭品

材料

豬、雞、魚、茶、酒、飯、湯 ...... 若干

豬和雞的肉和內臟 ...... 生熟各半，十碟

蘋果 ...... 一點

楊桃 ...... 一點

葡萄 ...... 一點

橘 ...... 一點

糕點 ...... 一點

做法

春秋二祭祭品

新界祭祖名物：食盆（俗稱：食山頭）

「自古以來」的春祭與秋祭

說回傳統：宗族春秋二祭（非物質文化遺產）

撰譜人：施志明

 ## 春秋二祭祭品

前面說到逝者升了 Level，成為祖先，所以這篇便要說相對應的祭祖套餐了。祭祀活動，一般有春、秋兩個祭祀。如果說到香港最能夠保存下來的傳統，筆者首推「新界宗族春秋二祭」，而常見的祭祀祖先的祭品如下：

「三牲酒禮」：豬、雞、魚（或以海味代替）、茶、酒、飯和湯。

「五生五熟」：即豬和雞的肉和內臟，生熟各半，分成十碟。（部分香港新界宗族搭配）

除此之外，有寓意吉祥的生果，如蘋果、楊桃、葡萄、橘，以及生菜、糕點、糖果等。

祭品供奉的場所：在祠堂的祖先牌位前或排列在祖先墓碑前。

寓意：族人孝敬祖先，祈求五穀豐登。

祭禮之後，在祠堂吃盆菜；如是上山（如秋祭），備有炊具，則在祖先墓地附近煮食，此之為「食山頭」。

 ## 新界祭祖名物：食盆（俗稱：食山頭）

材料：蘿蔔、雞、豬肉、魚蝦等

製法：層層鋪好，煮成一鍋，放置在一個大木盆上。

寓意：吃盆菜時，眾人圍坐共享一盤食物，代表團圓；菜式分層疊放，象徵上下和睦，不分彼此。

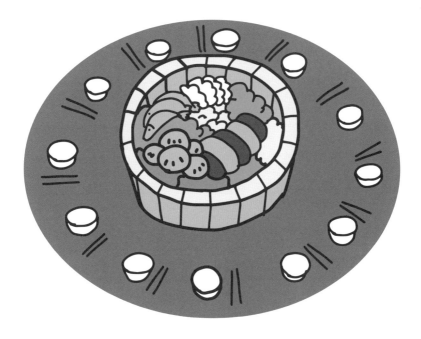

　　吃「盆菜」，可謂新界圍村的傳統風俗，並具有中國傳統倫理意義。其創始實已難以考究 [23]，但盆菜的製法簡單，以大量食物置於盆內，而且易於攜帶，對鄉民祭祀帶來極大方便。

　　請注意，盤菜不單是春秋二祭食品，每逢喜慶日子如婚嫁、新居入伙等等，村民都會吃盆菜慶祝。另外，當農耕時代，物質生活尚未豐富的時候，盆菜更能符合有所限制的經濟條件，並達

23　現時坊間流傳最廣的說法，是宋帝南逃到新界村落時，村民沒有山珍海味可作供奉，因而靈機一動，以日常吃食創製而成。村民以此招待，眾士兵吃過後紛紛叫好。自此以後，村民每逢喜慶，就會以盆菜助興。其次，是宋朝宦官，將皇帝每餐的飯餘，放進木盤供宮中下人食用。又有指是清朝乾隆下江南時，所吃的一品鍋，隨時代而變。

致與眾同樂的目的。

你沒看錯，祭祖都是喜慶日子。

「自古以來」的春祭與秋祭

春、秋，「自古以來」是祭祀季節。我們可以從商朝的祖先崇拜說起，距今已有三千年歷史。從《周禮》中提及王室制度的「四時祭祀」，到《禮記·祭統》亦有「四時祭禮」的記載：

> 凡祭有四時：春祭曰礿，夏祭曰禘，秋祭曰嘗，冬祭曰烝。

周代以「礿、禘、嘗、烝」四時祭禮規格來祭祀。又據《禮記·曲禮下》：

> 君子將營宮室：宗廟為先，廄庫為次，居室為後。

再按《禮記·中庸》：

> 宗廟之禮，所以祀乎其先也。

可見祭祠祖先主要是宗廟之祭，而祭祖到了周代已發展為複雜的宗廟制度，繼而與政權結合，立廟祭祖成為特權階級象徵。

是因祭祀祖先是鞏固宗族組織的主要辦法，以大宗為核心來團結族人，一如《禮記·大傳》所說：

> 人道親親也，親親故尊祖，尊祖故敬宗，敬宗故收族，收族故宗廟嚴。

憑藉宗廟之禮，達致「尊祖、敬宗、收族」的功能。即使宗法制度衰微，但仍然能影響後世。秦漢以來，這套概念逐漸演變為民間祭祖習俗。過程分三個階段：一、與周制相似的禮經規制；二、按周禮變通和改造，如南北朝始以官職品級高低確定祭祀禮儀；三、宗族祠堂制度出現。第三階段，是指宋代《朱子家禮》推行後，平民宗族興起，祠堂、族田、族譜成為宗族組織三大支柱。特別在明清兩代，族權由族長、祠堂、族田、族譜聯成一氣。但前述的三大支柱仍為基本特徵，而今日香港新界宗族亦是如此。

至於祭祖形式，大體可以分為牌位和墳墓崇拜兩種。民間祭祖活動，大體分為：以祠堂為中心的祠祭，以祖先為中心的家祭，以及以祖墓為中心的墓祭。家祭以家庭為單位，或以祖先為中心的家族祭祠。祠祭即族祭，又分有合族或支族之祭。墓祭，非日常可祭，故只行春秋二祭，或僅清明祭掃。

今天，觀察春秋二祭，都會在春分和秋分，又或在農曆二月、四月及九月的時間進行。選這時間進行祭祀，並非出於偶然，而是符合古代的農業經濟活動規律。春分或農曆四月，是耕

作季節；秋分或農曆九月，是收成的季節。由於氣候及晝夜比例也出現明顯變化，所以在古人眼中自有一種宗教含意。春天祈求庇佑好收成，好收成後酬謝祖先庇佑，「尚饗」。（此為祭祀時希望鬼神享用祭品之辭，多作為祭文的結語。）

説回傳統：宗族春秋二祭〈非物質文化遺產〉

香港是頗為特別的地方，除了城市的高樓大廈，也有鄉郊村落。土生土長的香港人，也有「自古以來」入遷的原居民。至於有「幾古」（多古老），在此簡單説明一下。

早在宋元兩代，已經有不同的宗族先後入遷香港地區，如新界的鄧、文、廖、侯、彭、陶族，九龍有竹園的林族等。這些宗族在香港落地生根已有數百年，他們建有宗祠和祖墳，最大的文化價值是至今仍然傳承春秋二祭活動。正由於此，本地宗族的春秋二祭，由於人丁繁衍，規模盛大，歷來不少報道提及祭祀盛況，見圖一、二。報道中約三千餘鄧氏族人，在半月潭舉行秋祭的熱鬧情形，文中的描述如「族長鄧六叔率領」（圖一）及「由尊輩鄧鐸主持祭禮」（圖二）等，可見傳承至今的宗族祭祖形式，差異不大。故此在學術上，成為華南宗族傳統文化研究的重要個案。

在此，簡説一下祭禮過程：

祭祖儀式由主祭帶領（一股為輩分最高、最年長的族長），

圖一：〈鄧族赴半月照潭祭祖〉，《華僑日報》，1954 年 10 月 16 日報道。

圖二：〈半月照寒潭鄧族祭祖墳〉，《大公報》，1955 年 10 月 21 日報道。

在儀式中代表族人向祖先拜祭，陪祭者從旁協助。另有執事幫忙打點祭品及各項程序。

　　祭禮開始前，參與祭禮者（祭者、執事、族人）均換上長衫。擔任禮生的族人為祭禮提唱各項程序，有些宗族仍然以圍頭話進行唱禮。主祭在奏樂中向先人下跪、叩首、上香、酹酒和獻財寶，並宣讀祝文（有些稱祭文）。主祭完成祭拜後，其餘族人按禮生提示，依輩分高低，先後拜祭。重點來了，祭禮之後，宗

族中的執事會向族人派發祖先蒸嘗（即祖先留下的財產）的紅包及豬肉，此之所謂的「太公分豬肉」。如有帶備炊具，便在山上墓地煮食，「食盆」或「食山頭」。想一想，一輪儀式下來，子孫後人怎麼會不團結。

讀者可能會問，除了這些「本地宗族」，其他宗族祭祖又怎樣呢？例如清初復界後入遷的惠潮兩府的客籍人士（又稱客家，相對「本地」），至今亦有相類似的祭祖活動，只是規模不如「本

岑氏荃灣祭祖五老主持祭禮

宗親同鄉

祭祖祝文

聯青社長伍澤民南遊考察各地社務

太祖事略

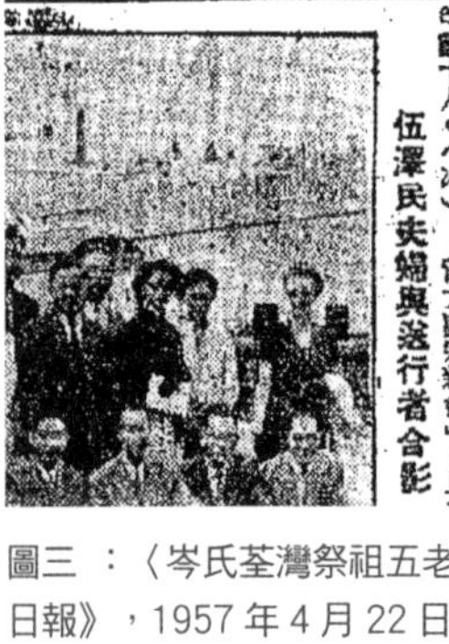

伍澤民夫婦與送行者合影

圖三 ：〈岑氏荃灣祭祖五老主持祭禮〉，〈祭祖祝文〉，〈太祖事略〉，《華僑日報》，1957 年 4 月 22 日報道。

地」宗族（比較上，始終來港沒那麼多代）。

小香港，大城市，那麼有沒有規模再小一點的宗族呢？翻開六十年前舊報章查一下相關報道，便會發現當時有以宗親同鄉會的名義進行祭祖（見圖三）。

僑居香港的岑氏藉着清明時節，率族人於荃灣東普陀後山祭祖。報道相關篇幅不少，更包括了祭祖祝文及太祖事略，整個宗族過去的「威水史」，一目瞭然。同日，有另一以宗親會名義祭祖的報道（見圖四）。

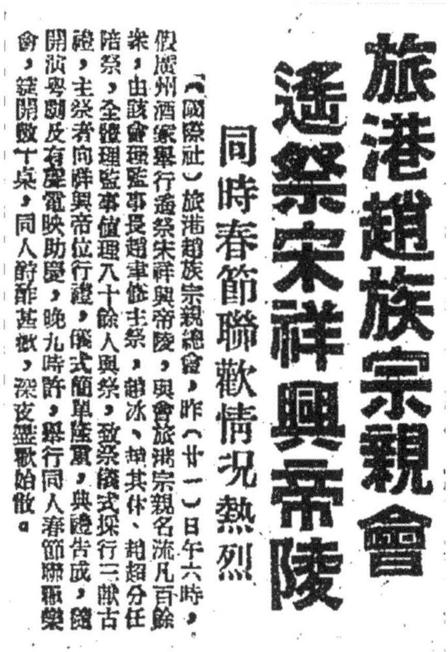

旅港趙族宗親會
遙祭宋祥興帝陵
同時春節聯歡情況熱烈

「(國際社)旅港趙族宗親總會，昨(廿一)日午六時，假廣州酒家舉行遙祭宋祥興帝陵，與會旅港宗親名流凡百餘衆，由該會理監事長趙聿修主祭，趙冰、趙其休、趙超分任陪祭，全體理監事偕理八十餘人與祭，致祭儀式採行三獻古禮，主祭者向祥興帝位行禮，儀式簡單隆重，典禮告成，隨開演粵劇及有聲電映助慶，晚九時許，舉行同人春節聯歡樂會，筵開數十桌，同人酧酢甚歡，深夜盡歡始散。

圖四：〈旅港趙族宗親會 遙祭宋祥興帝陵 同時春節聯歡情況熱烈〉，《華僑日報》，1957 年 4 月 22 日報道。

旅港趙族宗親會遙祭宋帝陵，你沒看錯，是祭宋帝陵，還要是「遙祭」。祭祖是開心事，同時作為春節聯歡，「深夜盡歡始散」。這些報章報道，反映了時人重視祭祖活動，同時「旅港」、「僑港」的宗族同樣憑藉祭祀祖先，以達致「尊祖、敬宗、收族」的功能。但這樣做有甚麼好處？身在異鄉，要發展就靠「祖宗的血脈」。值得思考的是，他們在港雖然沒有宗祠，但透過宗族同鄉會作為團結宗族的場所。有說「宗祠」是宋明以來家族發展的主要標記；那麼「宗族同鄉會」，則是近代海外華人宗族團結的重要標記。說到這裏，可能有人會問香港算是海外嗎？筆者認認真真清清楚楚答你，六十年前，香港真的是英國殖民地。

　　六十年過後的今日，新界華人宗族仍能維持傳統，傳承着春秋二祭，「祠堂、族譜、族田」三大要素成為了關鍵。諺語有云：「心田先祖種，福地後人耕。」如果沒有「族田」（土地），如果沒有「太公分豬肉」（財富），如果沒有「丁權」（祠堂點燈，族譜登記），「春秋二祭」又是甚麼光景？

　　所以，說到底，祭祖，真的非常重要。

　　「尚饗。」

寒食清明食品

材料

白切雞、燒肉、魚、茶、酒、飯 …… 若干

蘋果 …… 幾個

葡萄 …… 幾串

糕點或糖果 …… 少許

做法

「清明時節雨紛紛」，吃甚麼？

清明本非祭祖之日

上巳、寒食與清明之關係

回到現在的清明意義

撰譜人：施志明

「清明時節雨紛紛」，吃甚麼？

還記得小時候，在屋邨長大，每逢清明，家母會準備一桌飯菜，有白切雞、燒肉、魚、白飯，水果（蘋果、葡萄），三杯白酒，三杯茶。家中三層神樓，由上而下的有「觀音」、「歷代祖先」、「地主」。各層神前有香爐，燃點着香火。然後，在家門外準備鐵桶，再打開紙錢衣包，便開始「玩火活動」（另一「玩火活動」是中秋）。除了化元寶外，還有冥通銀行的高額鈔票、高額度信用卡，衣衫類有外衣外褲、內衣內褲、鞋，還有好像是地府通行的護照。説來又記不了太多，總之燒好之後，拜神用的白切雞、肉也會成為家中飯菜。掃墓太遠，祭祀祖先只是遙祭。

雖然看似簡單，其實也是春祭祭品的標準配搭。

「三牲酒禮」：白切雞、燒肉（豬）、魚（或蝦）、茶、酒、飯。

還有，配吉祥生果如蘋果、葡萄及糕點或糖果。

另外，不同族群也有差異，如鶴佬人會用發粿、酵桃等。

當然，也是期望祭拜祖先，得到庇蔭，子孫平安順利。

那麼問題來了，為何選上清明時節祭祖？

清明本非祭祖之日

在香港，清明節是法定公眾假期，讀者或許會留意到，每年

的清明大概會落在西曆 4 月 4 日或 5 日的其一天。因為清明是季節氣候的「二十四節氣」之一。（題外，同類如「冬至」也是「節氣」，一般都在西曆 12 月 21 日到 12 月 23 日之間。）

關於清明的說法，如《月令七十二候集解》：

> 三月節……物至此時，皆以潔齊而清明矣。

又，《曆書》：

> 春分後十五日，斗指丁，為清明，時萬物皆潔齊而清明，蓋時當氣清景明，萬物皆顯，因此得名。

「清明」都不過是節氣上的描述。說重點，清明本來不是祭祖的節日，只是到了唐代，逐漸被日子相近、具有踏青掃墓祭祀習俗的「上巳」、「寒食」併合，才出現清明掃墓的習俗。說到這裏，或許讀者會感到混亂。

上巳、寒食與清明之關係

有關於春祭的說法，可參看本書〈春秋二祭〉一文。而下表為上巳與寒食的演變歷程。

節日早期儀式	發展儀式一	發展儀式二	發展儀式三
上巳節 農事祭祀儀式（水）	祭高禖 （祈孕子嗣）	臨水祓禊 （祈求豐收）	（漢代以後） 春嬉郊遊（掃墓祭祖、流觴曲水飲酒、踏青）
寒食節 農事祭祀儀式（火）	祭大火星 「內火和出火」 （敬神祈雨）	改新火 （提高農田生產力） （祈生命延續）	吃冷食（出火儀式的演化）（將抽象儀式具體象徵季節的交替）→ 附會介子推傳說

　　一般大眾對「上巳」沒甚麼概念，但如果有讀過東晉王羲之〈蘭亭集序〉，而老師教得好，會解説一下「永和九年，歲在癸丑，暮春之初，會于會稽山陰之蘭亭，修禊事也」。這句的「修禊」，其實就是指「上巳」，於農曆三月三日（三國時期魏以後定），官吏百姓在水邊進行消災祈福活動，其後發展成文人雅士曲水流觴的飲宴聚會。合理。耕田要水源，所以在水邊祈求豐收，逐步發展。但這也是發展「成熟」的上巳節，如說再久遠一點，這是男女狂歡的節日（筆者是説「上巳」，不是清明），引《周禮·地官·媒氏》：

> 中春之月，令會男女。於是時也，奔者不禁。司男女之無夫家者而會之。

　　「奔」是指男女戶外各自約會，水邊做些違反常規的事。不妨看一看唐代杜甫〈麗人行〉：「三月三日天氣新，長安水邊多麗

人。」這裏説到是「三月三日」、「水邊多麗人」，顯然是上巳風俗。這多麼美好的風景，麗人春嬉郊遊。對，郊遊而已，別想太多。節日發展至宋代，由於理學流行，禮教森嚴，上巳風俗逐漸衰微。（如果想感受上巳「曲水流觴」風俗，禮失求諸野，日本仍有上巳，又稱雛祭（雛祭り），但明治維新後改於西曆三月三日。）

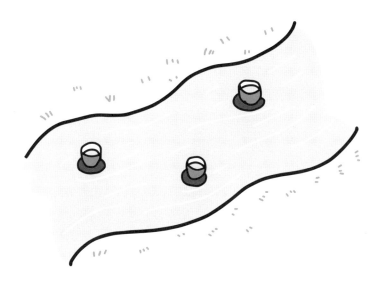

至於寒食，聽過的人多一點點，在此不妨説一個「燒山的故事」，以下為流傳最廣泛的版本：

春秋時期晉公子重耳（即日後晉文公）離開晉國，流亡十九年。一次重耳餓倒，介子推割股（割下自己大腿肉）烤熟，給他吃下才得以保住性命。重耳很感動（當時而已）。之後重耳回到晉國即位為公，酬謝家臣，卻忘掉介子推。後來，重耳終於回憶起舊事，要封賞介子推，此時介子推已和母親到山西的綿山隱

居。重耳派人上山搜索，遍尋不獲。身邊大臣「為君分憂」，擅作主作，放火燒山（按：「太聰明」），想藉此逼介子推出山，但最後發現介子推母子抱着槐樹被燒死。重耳難過至極，便規定每年此時不得生火，一律吃冷食，於是稱「寒食節」，紀念介子推。

其實介子推被燒死一事，最早的正式文獻記載是在《後漢書・周舉傳》：「舊俗以介子推焚骸，有龍忌之禁，至其亡月，咸言神靈不樂舉火。」由此推斷，此事於東漢時期被視為史實並形成風俗。那麼，《史記》有記載嗎？對於介子推割股充飢、抱木燔死、遭火焚等事，皆未記載。更早的《左傳》呢？如下：

> 晉侯賞從亡者，介子推不言祿，祿亦弗及。推曰：
> 「獻公之子九人，唯君在矣。惠懷無親，外內棄之。天
> 未絕晉，必將有主。主晉祀者，非君而誰？天實置之，
> 而二三子以為己力，不亦誣乎？竊人之財，猶謂之盜。
> 況貪天之功，以為己力乎？下義其罪，上賞其奸，上下
> 相蒙，難與處矣。」其母曰：「盍亦求之？以死誰懟？」
> 對曰：「尤而效之，罪又甚焉。且出怨言，不食其食。」
> 其母曰：「亦使知之，若何？」對曰：「言，身之文也。
> 身將隱，焉用文之？是求顯也。」其母曰：「能如是乎？
> 與女偕隱。」遂隱而死。晉侯求之不獲，以綿上為之
> 田。曰：「以志吾過，且旌善人。」

文中只寫介子推與母親清廉自持，對於被焚之事並無相關

記載。但後來如何流傳，改變故事形態，可看戰國時代屈原《楚辭·九章·思美人》：

> 介之忠而立枯兮，文君寤而追求。封介山而為之禁兮，報大德之優游。思久故之親身兮，因縞素而哭之。

辭中的「立枯」，王逸注辭以為「子推抱樹燒而死」，提及介子推遭火焚。另，《莊子》也曾記載：

> 介子推至忠也，自割其股以食文公，文公後背之，子推怒而去，抱木而燔死。

如是者，《左傳》加上民間流傳的「燒山」、「割肉」版本，建構起介子推的形象。總之，有故事陪襯，節日就變得更有「意義」。不過，寒食節不生火，也被古人指出有不合理的地方。如《藝文類聚》卷四〈魏武帝明罰〉，曹操曾下了相關禁令：

> 聞太原、上黨、西河、雁門，冬至後百五日皆絕火寒食，云為介子推。子胥沉江，吳人未有絕水之事，至於子推獨為寒食，豈不偏乎？且北方沍寒之地，老少羸弱，將有不堪之患。令到，人不得寒食。若犯者，家長半歲刑，主吏百日刑，令長奪一月俸祿。

不公平～～

曹操說得對，確實不太合理，公平一點，子胥沉江而死，禁水吧（笑）。但節俗仍然伴隨故事流傳下去。到了北魏，據《齊民要術》記載：「（介子推）忌日為之斷火，煮醴而食之，名『寒食』，蓋清明前一日是也。中國流行，遂為常俗。」習俗已在中土流行。

實際寒食節的原型，學術界普遍認為是「改火」。一般指源於古代的鑽木、求新火之制度。古人因應季節不同，用不同的樹木鑽火，於是產生出改季改火的習俗。而每次改火，就需要換取新火。新火未達，則禁止人們生火，因此被視為大事。一來延續上古對火的崇敬，二來火象徵再生，改火之後啟用新火，代表「新生」。唐代李涪《刊誤》卷「火」條有云：

> 《論語》曰：「鑽燧改火。」春榆夏棗秋柞冬槐，則是四時皆改其火。自秦漢以降，漸降簡易，唯以春是一歲之首，止一鑽燧。而適當改火之時，是為寒食節之後。既曰就新，即去其舊。

這裏帶出了改火的意義，而清明由於是出火，即取得新火，

所以到了唐代，寒食清明並提，逐漸構成清明為節日。

　　說回唐代盛行清明原因，主要是唐人社會風氣之故。第一，改火習俗盛行。這不只是民間改新火象徵新生，皇帝也分傳新火給重臣，上行下效，間接鼓勵改火習尚，而改火之日，正是清明。第二，掃墓祭祖盛行。皇帝以政令規定寒食節應掃墓，為配合信仰，掃墓祭祖也需要焚燒紙錢，前說的改火習俗影響下，一併將新火與祭祖結合，本來寒食的掃墓節俗，亦延至清明。第三，娛樂風氣。為配合掃墓政令，設有假日，於是全國人民藉掃墓之便，進行娛樂活動，逐漸發展成祭祖掃墓與郊遊娛樂混合。

回到現在的清明意義

　　小時候，讀到「清明時節雨紛紛，路上行人欲斷魂」。今天，清明斷魂的人應該不多。時移勢易，墳場骨灰閣甚至禁燒紙錢，減少冥鏹香火，推動環保焚化。香港環保署一直積極推廣另類拜祭方式，如獻花及水果、電子供奉、電子拜祭、絲帶祈福等。有人說，這樣失去了拜祭的意義。

　　不過，在此也說一下歷史。燒紙錢習俗，在魏晉時

期已有。遠古時代，人們以貴重品甚至以親近者作為陪葬。紙錢的出現，取代了以玉帛、金錢陪葬，並盛載對死者的祝福，是劃時代的進步。由此觀之，由貴重繁瑣到輕賤簡化，是時代趨勢。不過，後世也視之為禮樂崩壞的表現，如元代孔齊《靜齋至正直記‧楮帛偽物》中宋孫偉所説：

近世焚楮帛及下里偽物，……皆浮屠、老子之徒欺惑愚眾。

這是佛教道教影響的產物，至於是否「欺惑愚眾」，筆者不在此斷言。不過，我們要明白風俗不斷改變，也配合社會的轉變，所以説的「傳統」是否傳統，往往歸結於人心應用。所以，感到燒紙錢好，心更安，事更妥，當然燒。如果覺得不燒也有理，生果鮮花祭祀，也做到「祭之以禮」，心亦安，事亦妥，亦無不可。

重陽嚐菊

材料

菊花酒 ......｜壺

重陽糕 ......｜碟

茱萸酒 ......｜壺

做法

說起重陽，想起影視作品中的韋小寶

重陽是甚麼？

那些年有趣的推說奇想

食在重陽

說回香港人的重陽祭祖

撰譜人：施志明

説起重陽，想起影視作品中的韋小寶

如果有看過周星馳電影《鹿鼎記》，可能會記得戲中有如下一幕：

假太后揭發韋小寶為天地會的人，韋小寶被拉開右腳布鞋布襪，見腳底確是寫有「清明」二字。康熙帝說：「清明？」假太后續道：「另一隻腳就是『反』同『復』，加起來就是大逆不道的『反清復明』四個字。」康熙帝命令說：「把另一隻脫下來。」韋小寶被脫下左腳布襪，只見腳底寫着「重陽」兩字。康熙帝疑惑說：「重陽？」韋小寶續道：「小寶雖然沒讀過書，但是都識得一個孝字。清明同重陽是拜祭先人的日子。小寶將它刻在腳板上便是想提醒自己準時去拜山啊，皇上！」韋小寶很機智，而這個笑點香港人大多數也會明白。對，清明重陽拜山祭祖，簡單易明。但世界很大，中華大地也很大，這個笑點，並不是人人能看懂。

 **重陽是甚麼？**

　　重陽，是指農曆九月初九，在《周易》陰陽觀念中，九是陽數，所以日月都逢九，就是重陽，又稱為「重九」。另，有説是「登高節」、「敬老節」（內地流行説法）。

　　現時最為人又熟悉的説法，是南朝梁人吳均的《續齊諧記·九日登高》：

> 汝南桓景，隨費長房遊學累年。長房謂之曰：「九月九日汝家中當有災，宜急去。令家人各作絳囊盛茱萸以繫臂，登高飲菊花酒，此禍可除。」景如言舉家登山。夕還，見雞犬牛羊，一時暴死。長房聞之曰：「此可代也。」今世人九日登高飲酒，婦人帶茱萸囊，蓋始於此。[24]

　　這個故事説明東漢時期，汝南一帶（今河南上蔡西南）有瘟疫問題。桓景跟隨費長房（方士）學道多年。長房告訴桓景：農曆九月九日你家中有災劫，宜趕緊回去。着令家人製作紅布袋來

24　（梁）吳均：《續齊諧記》，收錄於《漢魏六朝筆記小說大觀》（上海：上海古籍出版社，1999 年），頁 1007。另外，較早的記述，則有漢代劉歆《西京雜記》記載：「九月九日，佩茱萸，食蓬餌，飲菊華酒，令人長壽。」收錄於《漢魏六朝筆記小說大觀》（上海：上海古籍出版社，1999 年），頁 98。有學者認為西漢未有重陽節，此說不可信，但重陽避邪的說法，則無可置疑，詳見楊琳：《中國傳統節日文化》，頁 329-348。

盛載茱萸，繫在臂上，並登上高處，飲菊花酒，便可除去禍劫。桓景跟從長房的方法，舉家登山避禍。一晚之後回去，看見家中飼養的雞犬牛羊一一死亡。長房聽聞此事後，說：「牠們代替你當了災。」如今世人九月九日登高飲酒，婦人配帶茱萸囊，就是自這件事開始。

 ## 那些年有趣的推說奇想

在此，不妨說一下筆者在研究所的日子。有一回蕭師說起重陽避禍的故事，配合天文地理的理解，從幾個特點作出推說奇想。季候鳥避寒冬，向較溫暖的南方飛去，由北向南，身體較弱的鳥患病（禽流感？），體力不支，期間飛落鄉村休息，死了病毒便感染其他家禽，或與其他動物交叉感染，於是成為風土病，導致「滅村」。古代因病疫「滅村滅鄉」，並不罕見。而且，農曆九月符合「季候」條件，汝南地理位處河南，也符合季候鳥由北往南飛作為中途站的「地理」條件。

另一方面，從重陽風俗上，放「紙鷂」（風箏）具有放去災邪、除去晦氣的心理寄託作用。（最簡單，看一看《紅樓夢》第七十回，呈現了江南風俗，不過在江南是春天放風箏。）如果紙鷂線斷了，當然不會取回來。但如果紙鷂飛落自己家中，該怎樣處理？答案是用火燒。正因紙鷂寓意不吉和「晦氣」，所以江南風俗上，發生上述「不幸」情況，放紙鷂的人要賠禮，買大塊豬肉，為屋主討個吉利。如此，紙鷂就如染了「禽流感」的季候

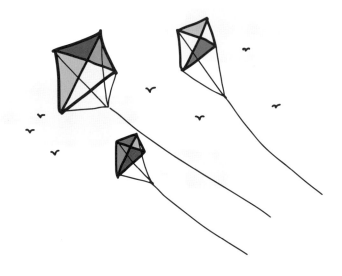

鳥，需要消滅病源，用火燒就是。

　　時間多一點，考證多一點，大概可以寫篇小論文（笑）。

　　或許有人說這是附會之說，而且桓景的故事是志怪小說文類，所以不足為信。但節日附會故事，是兩漢魏晉常見模式，如介子推（見本書〈寒食清明食品〉一文）、屈原（端午節俗比屈原還早）、牛郎織女（七夕）等等，傳說故事有利風俗於民間傳播。另一方面，節日架構呈現配對組合，也值得斟酌思考。如三月三上巳與九月九重陽，呈現配對的春秋對立。上巳是春之始，有「踏青」之俗；重陽之後，天氣漸寒，故有「辭青」之說。祭祀方面，上巳上墳，重陽祭祀，而兩者亦有佩戴驅邪物、放風箏、避災的習俗，遙遙相對。文學、傳說與風俗是掩蓋「真相」的煙霧，也是發掘「真相」的蹊徑。

 ## 食在重陽

在此，説回廣東九月初九的登高風俗，筆者引用清人屈大均
《廣東新語·事語》記載：

九日載花糕莫酒，登五層樓雙塔放響弓鷂。

從名人筆記，我們可見九日登五層樓，寓意「登高」，並且
有放弓鷂（即放風箏）的風俗，還有就是「重陽名物」：花糕莫酒。

花糕，指重陽糕，就是「蓬餌」。餌字收入《説文解字·鬻
部》，段玉裁注説是「稻米粉之為餅」，可見餌是米類的糕餅。
而《説文解字·草部》説：「蓬，蒿也。」《本草綱目》中有青蒿，

焦點飲食名物：菊花酒、重陽糕、茱萸酒

其於七八月開花結果，八九月時人們取用種子，以治療瘧疾寒熱，另有茵陳蒿的蒿草，其生長時間為：「九月開細花黃色，結實大如艾子。」功效具有：「風濕寒熱邪氣，熱結黃膽。久服輕身益氣耐老。面白悅長年。」這些九月成熟的植物，除了醫學上有功效，亦符合重陽益壽延年的意涵；此外，由於糕與高諧音，所以人們藉此寄託萬事俱高的願望。

茱萸，是重陽節中的重要植物。使用方法有三：一、插「茱萸房」於頭上；二、裝「茱萸」入囊中，並佩戴身上；三、製作茱萸酒（宋代吳自牧《夢粱錄》已有相關記述）。據中藥醫學書籍記載，茱萸有不同的療效，如南北朝陶弘景《本草經集注》說吳茱萸「味辛，溫、大熱，有小毒」，具濃烈的氣味外，並有「溫中下氣，止痛，咳逆，寒熱，除濕血痺，逐風邪」等功效。這與《黃帝內經‧本病論》中記述的秋天病症，如「瘧瘧骨熱」、「寒熱鼽嚏」、「喘嗽息高」相對應。而茱萸強烈的氣味，在鬼故事中亦有反映，見南朝時期宋的劉敬叔《異苑》：

> 晉新野庾紹之字道遐，與南陽宋協中表之親，情好綢繆。桓玄時，庾為湘東太守，病亡。義熙中，忽見形詣協、一小兒通云：「庾湘東來。」須臾便至，兩腳著械。……因談世事，末復求酒。協時時餌茱萸酒，因為設之。酒至，執杯還置云：「有茱萸氣。」協曰：「卿惡之耶？」紹云：「上官皆畏之，非獨我也。」

庾紹之與宋協是親戚，感情要好，庾雖病死，其鬼魂來見宋協。宋協為庾準備茱萸酒，但庾退還酒杯，指有「有茱萸氣」、「上官皆畏之，非獨我也」。這些鬼故事有趣之處，本書第一篇〈鬼王簡介〉已有論及，但故事附會在風俗上，構成茱萸為消厄及避鬼的護身符。其以強烈氣味驅邪，就好像西方世界以大蒜作為吸血鬼剋星。總之，能驅邪，又有療效。

酒，除了茱萸製的茱萸酒，也有菊花釀的菊花酒，而酒的功用正是要引出兩者藥效。菊花與茱萸，都是九月季秋的應節之物。《四民月令》更直接提到九月九日「可採菊花」。晉人周處之《風土記》記載菊花「生依水邊，其華煌煌，霜降之時，唯此草茂盛」。而在療效上，按《神農本草經》所述，菊花「味苦平。主風，頭眩腫痛，目欲脫，淚出，皮膚死肌，惡風濕痺。久服，利血氣，輕身，耐老延年」。正好與前述《黃帝內經》中提及秋天病症症狀，頗能相應。

說到這裏，好像重陽不是登高避災，就是飲食。那掃墓祭祀呢？

 ## 說回香港人的重陽祭祖

關於掃墓，回看屈大均《廣東新語‧事語》，自九月九日之後，接續有此記述：

> 霜降展先墓，諸坊設齋醮禳彗。

在廣東，緊接重陽的霜降有掃墓祭祖的風俗。那麼，這風俗一方面與秋祓有關，而朝廷對此亦有禮制引導民間跟從。據《清通禮》記載：

> 歲寒食及霜降節，拜掃壙塋，屆期素服詣墓，具酒饌及鎅剪草木之器；周服封樹，剪除荊草，故稱掃墓。

霜降，代表天氣漸冷，開始降霜的意思，也是二十四節氣之一（類似清明），日期按西曆約 10 月 23 或 24 日。因此，霜降與重陽日相近，偶爾相同。說到這裏，大家會想到重陽和霜降祭祖，也具有結合的基礎條件。

香港成為殖民地以前，當然是遵從大清禮制，而掃墓拜山，亦自會按宗族傳統的春秋二祭（大概在春分、秋分）時間進行。香港成為殖民地後，英人採取不干預華人風俗為前提進行管治。於是，華人風俗繼續按清禮標準。

到了 1875 年香港政府訂立《公眾假期條例》（Public Holidays Ordinance，後改稱 General Holidays Ordinance），訂明哪天是公眾假期及銀行假期。條例本身是方便政府及商業上的運作，並無規定僱主須讓僱員放假。而且，洋人跟隨英國的習慣慶祝節日，華人慶祝華人傳統節日如農曆新年及冬至，而清明節、端午節、中秋節及重陽節等，則不會放假。華洋假日概念，各有各做。

直至 1962 年 4 月，香港政府因遵循國際勞工公約中每年

最少有六天有薪假期的規定，而實施《工業僱傭（有薪假期與疾病津貼）條例》（Industrial Employment (Holidays with Pay and Sickness Allowance) Ordinance）。法定假日立法，規定下的勞動及非勞動工人，享有每年六天有薪假期，分別是農曆年初一、農曆除夕或年初二、清明節、端午節、中秋節、冬至或隨後的元旦（由僱主選擇其中一天）。到 1977 年，重陽節與元旦、農曆年初三，一同新增成為「公眾假期」。當然，重陽節最終被訂定為「假日」，有市民的現實需要。翻查報紙，戰前戰後關於重陽登高掃墓盛況的報道不少。

〈重陽佳節適逢假日 登高掃墓處處人龍見〉，《工商晚報》，1969 年 10 月 19 日報道。

二十世紀，因內地政局動盪，逃難至香港的華人從暫住到落地生根，以香港為家的概念漸趨強烈；而且墳場大多建於香港山上，無需穿州過省，祭拜祖先的難度減低；再者重陽上山掃墓，既可登高，亦有追憶先祖之意。祭祖，真的容易多了。

回想電影中的韋小寶：「清明同重陽是拜祭先人的日子。小寶將它刻在腳板上便是想提醒自己準時去拜山啊，皇上！」

笑了笑，活在當下，大家關心的大概是多了一天重陽節公眾假期。

第六篇

輪迴升仙滋味

古法仙家料理

材料

龍肝和鳳髓 ...... 無數

熊掌與猩唇 ...... 無數

大株蟠桃 ...... 數顆

紫芝瑤草、碧藕金丹 ...... 無數

美酒 ...... 無數

做法

《鬼王廚房》沒好的吃？

明代人心目中的仙界菜單

神仙也有社會階級

撰譜人：潘啟聰

《鬼王廚房》沒好的吃？

讀者看到此章，心裏頭一定在想：「此書有完沒完？到末章了，都沒有好吃的⋯⋯」算起來，人道的、餓鬼道的和地獄道的飲食此書都提及過。確實沒有甚麼好吃的。這個筆者們也沒有辦法啊！我們跟大家分享之前，都經過一番查看經典、刨根究底的工夫，述說時皆是持之以據的。只能説一旦到了那些境地，根據古今經典及歷史考察，確實只能如此啊！

筆者們有話要講

忽然

所以呀！（點菸）人呀～（抽一口）

唉～（吐煙）還是「諸惡莫作，眾善奉行」好（抖菸灰）

不然的話～（倒抽一口涼氣）「死如有知，相見萬里」

那就慘了～（不怕一萬最怕萬一）

幾十年後，不知有沒有人把《鬼王廚房》當成善書看待呢？

讀者們心想：「咦？等等！餓鬼道的和地獄道的飲食最多能指出作惡下場會很可悲，也不代表要支持行善積德啊？！」

那好吧！此章就講一講仙界的飲食吧！如果各位讀者的人生以奉行善事為優先，有朝一日投生了天人的界別，你們的飲食又會如何呢？相處數章，臨別依依，筆者懷着不捨的心情送給各位一個美好的畫面吧！

明代人心目中的仙界菜單

　　此章以「古法仙家料理」為題，筆者自然不能敷衍了事，引起讀者不滿。稱得上是古法，自然要有一定歷史啦！相信來自明代的菜單一定可以滿足讀者們了。好吧！此節將會以明中葉成書的名著《西遊記》為據，向大家講述一下當各位他朝一日成為了天界一員後到底吃的是甚麼！

　　如果大家有看過《西遊記》的話，大概會知道這是一部講飲食的小說。《西遊記》的行文有非常明確的主題和脈絡，那就是吃唐僧。寫此章時，筆者做了一項統計，雖然說不上很嚴謹，但也能夠供讀者參考。筆者找了一個具搜尋功能的網頁版《西遊記》，然後在網頁裏簡單地搜尋了「唐僧肉」三字，共有八十二個搜尋結果。若試試搜尋更多不同的關鍵詞（例如：「唐僧的肉」、「吃了唐僧」、「唐三藏之肉」等），相信結果會非常壯觀。

　　因此，筆者才說嘛，《西遊記》是一部講飲食的小說。若要筆者替此書改一個別名，那一定是《新編唐僧菜譜 2000 例》呢！

　　不過，按《新編唐僧菜譜 2000 例》《西遊記》的描寫，「唐僧料理」僅為眾妖魔食家眼中之名菜。這並

不是本節之重點所在。有關仙家所吃之料理，其實《西遊記》的描寫亦頗多。以下先看看一些相關內容。

在第五回〈亂蟠桃大聖偷丹　反天宮諸神捉怪〉一章中，作者描述了王母娘娘蟠桃勝會上的食物：

> ……上排着九鳳丹霞牀，八寶紫霓墩，五彩描金桌，千花碧玉盆。桌上有龍肝和鳳髓，熊掌與猩唇。珍饈百味般般美，異果嘉殽色色新。

蟠桃勝會請的是西天佛老、菩薩、聖僧、羅漢、五方五老及仙眾，還有各宮各殿大小尊神。席間排着九鳳丹霞牀、八寶紫霓墩、五彩描金桌、千花碧玉盆等極盡華麗高貴的陳設。餐桌上備有蟠桃、龍肝、鳳髓、熊掌、猩唇及玉液瓊漿等世間罕見的佳餚。

話你知 鬼王

龍和鳳乃虛構生物，龍肝和鳳髓相信只有小說中的仙家才能夠有緣一吃了。不過，熊和猩猩是真實的動物，那麼熊掌和猩唇真的有人吃過嗎？

原來，早在先秦時期已有人食用熊掌的記錄。不是有一句取自《孟子》的名言：「魚與熊掌不可兼得」嗎？

那麼猩唇也有人吃？有啊！

不知道大家有沒有看過電視劇《鐵齒銅牙紀曉嵐》呢？筆者小時候就看過，印象很深。主角紀昀是清代官員，在劇中是一名煙不離手的文人雅士，現實的他更有傳是一名好色的吃貨呢！[25]《清朝野史大觀》〈卷三〉中說：「公（紀昀）平生不食穀而或偶爾食之，米則未曾上口也。飯時只豬肉十盤，熬茶一壺耳。」

這位吃貨先生就曾收人饋贈猩唇兩片，又因家中廚子不會烹調，故而轉贈他人。在《閱微草堂筆記》〈卷十五〉中，紀昀記道：「八珍惟熊掌、鹿尾為常見，駝峰出塞外，已罕覯矣。猩唇則僅聞其名。乾隆乙未，閩撫軍少儀饋余二枚，貯以錦函，似甚珍重。乃自額至頦全剝而臘之，口鼻眉目，一一宛然，如戲場面具，不僅兩唇。庖人不能治，轉贈他友，其庖人亦未識。又復贈人。不知轉落誰氏，迄未曉其烹飪法也。」

可見，現實中確有人以猩唇為菜餚。不過，也不怪紀昀家中廚子，任你廚藝有多高超。這樣的食材——乃自額至頦全剝而臘之，口鼻眉目，一一宛然，你都不會想煮吧……

25　〈紀曉嵐一輩子不吃大米以肉當飯〉，《民間傳奇故事》第 15 期（2015年），頁 40。

其後，在第七回〈八卦爐中逃大聖　五行山下定心猿〉之中，作者又描述了一個比蟠桃勝會更盛大的安天大會。安天大會乃眾仙家為慶祝孫悟空被如來佛祖壓於五指山下，為答謝如來佛祖而舉辦的。

> 又命四大天師、九天仙女，大開五京金闕、太玄寶宮、洞陽五館，請如來高座七寶靈臺，調設各班坐位，安排龍肝鳳髓，玉液蟠桃。

除了預先安排的筵席，還有一眾仙老帶來了「明珠異寶、壽果奇花」、王母娘娘親摘的「大株蟠桃數顆」、老壽星奉上的「紫芝瑤草、碧藕金丹」、赤腳大仙獻上的「交梨二顆、火棗數枚」。似乎除了龍肝、鳳髓及美酒之外，大概佛祖他老人家也有合胃口的可吃……

若席間所有朋友都是食肉的，素食者的需要常常都會被遺忘。我懂！信我（哭）

由小說中的描述可知，仙家的食物除了珍貴異常之外，還有一種特色。原來他們極重視飲食的療效，食物往往帶有養生延壽的效用。

他們不是不再輪迴、不在生死冊上嗎？幹嘛還要養生延壽？

現在讓我們看看小說裏有關「安天食療大會」的療效吧！先來看看王母娘娘的蟠桃有何效用。王母娘娘栽培的蟠桃樹共有三千六百株。

前面一千二百株，花微果小，三千年一熟，人吃了成仙了道，體健身輕；中間一千二百株，層花甘實，六千年一熟，人吃了霞舉飛昇，長生不老；後面一千二百株，紫紋緗核，九千年一熟，人吃了與天地齊壽，日月同庚。

在安天大會上，作者這樣描述王母娘娘淨手親摘的大株蟠桃。

半紅半綠噴甘香，艷麗仙根萬載長。堪笑武陵源上種，爭如天府更奇強。紫紋嬌嫩寰中少，緗核清甜世莫雙。延壽延年能易體，有緣食者自非常。

王母娘娘呈獻佛祖的大株

蟠桃乃九千年一熟的種。除了清甜口感舉世無雙之外，食療功效上能夠更易體質，食用後更延壽延年至與天地齊壽、日月同庚。之後，老壽星奉上了紫芝瑤草、碧藕金丹。作者以一首詩來描述了這份禮物。

> 碧藕金丹奉釋迦，如來萬壽若恆沙。清平永樂三乘錦，康泰長生九品花。無相門中真法主，色空天上是仙家。乾坤大地皆稱祖，丈六金身福壽賒。

老壽星獻上的碧藕金丹不只能使人萬壽若恆沙，更是贈福添壽至極，以至於福壽亦可賒借給人。最後，到了赤腳大仙的交梨和火棗，作者有此描述。

> 大仙赤腳棗梨香，敬獻彌陀壽算長。七寶蓮臺山樣穩，千金花座錦般粧。壽同天地言非謬，福比洪波話豈狂。福壽如期真個是，清閑極樂那西方。

綜合仙家食品，從取材方面來看，其用料珍貴罕有，世間難求；從效用方面來看，添壽是必然的；有趣的是，這些食品還可以贈福。不過，《西遊記》中其實還有一些

更有趣的描寫，其背後意義發人深思。仙家的食品不一定全都如此。

 神仙也有社會階級

俗語有道「快活似神仙」，觀以上的仙家飲食，果然如此！然而，這是真的嗎？不對，不對。這樣無異於看到香港首富的生活，然後說全香港的人都生活得很快活愜意一樣。各位讀者沒有想過吧？仙家之中，也有富戶和貧窮戶之分啊！

在《西遊記》的〈萬壽山大仙留故友　五莊觀行者竊人參〉一章之中，講孫悟空偷人參果不遂，以為是花園中的土地公公從中作梗，便拘得那花園土地前來。面對非常不滿的大聖爺，土地如此說：

> 大聖錯怪了小神也。這寶貝乃是地仙之物，小神是個鬼仙，怎麼敢拿去？就是聞也無福聞聞。

原來神仙還能分出地仙和鬼仙！不要說瑤池蟠桃，也不要說交梨火棗，鬼仙連人參果也不敢拿去，就算是聞也無福聞聞。

當然，仙家請客亦會看客人本身的等級。宴請如來佛祖當然就要龍肝鳳髓。可是，請敗於如來手下的大聖爺及錯投了胎的天蓬元帥吃飯，那就用不上安天大會級數的食物了。在〈護法設莊留大聖　須彌靈吉定風魔〉一章中，孫悟空的眼被黃風大王的三

昧神風吹得眼珠酸痛、冷淚常流。天色已晚，只好於山下一所農舍中留宿暫歇。農舍中的老者實為護法伽藍變化而成。以下是招待他們師兄弟二人的情境。

> 他兄弟們牽馬挑擔而入，徑至裏邊，拴馬歇擔，與莊老拜見敘坐。又有蒼頭獻茶。茶罷，捧出幾碗胡麻飯。飯畢，命設鋪就寢。

這次的飲料可不是玉液瓊漿了，而是一般茶水。食物亦沒有龍肝鳳髓、紫芝瑤草或交梨火棗，而是胡麻飯幾碗。胡麻飯雖然有其典故而被視為神仙的食物，可是實在也簡單了一些。所謂胡麻飯，根據學者楊宏的研究，由於辟谷為修仙法門之一，所以被

視為神仙食物的胡麻飯不可能是真正的「米飯」。楊氏引用了《格致鏡原》所載：「漢張騫從外國得麻種，今世有白胡麻，八棱胡麻，白者油多而又可以為飯。」指出胡麻飯為白芝麻。[26]

不過，作為最後一個篇章，比較起之前曾經描述的「各界食品」，胡麻飯雖然簡單，總比沸屎、鐵丸和烊銅好得多吧？！

26　楊宏：〈道教胡麻飯考〉，《中國文化研究》第 2 期（2010 年），頁179-182。

打醮供品

材料

平安包（長洲限定）...... 一個山頭

香 ...... 幾炷

花 ...... 數朵

燈 ...... 數盞

水 ...... 一捧

菓 ...... 幾個

做法

「醮」是甚麼？

延伸：「醮」與盂蘭（中元）「醮」？

說回長洲太平清醮的平安包

從長洲打醮吃「蠔」翻開舊報紙

包山節日嘉年華

撰譜人：施志明

「醮」是甚麼？

長洲打醮名物：平安包、蠔。

一般打醮供品五供養：

香、花、燈、水、菓。

威力加強版十供養[27]：

香、花、燈、水、菓、茶、

食、寶、珠、衣。

說到「醮」，普遍香港人
會想起長洲的太平清醮。遊人看熱
鬧，看搶包山、看飄色、看巡神、買平安包，整個打醮活動猶如
嘉年華會。認識多一點，會知道長洲太平清醮一年一度，而有些
醮是三年一度（蒲台島）、五年一度（大埔泰亨鄉）、十年一度（沙
田九約），甚至六十年一度（上水鄉，下次是 2066 年）等。至
於「醮」是甚麼，卻不重要。

27　十供養：初獻香，香燃氤氳香供養，金爐銀絲透上蒼；再獻花，花開四
季花供養，仙苑群芳惹天香；三獻燈，燈燃碧落燈供養，渺渺照出毫光
現；四獻水，水泛曹溪水供養，森森流來一派長；五獻菓，菓結蟠桃菓
供養，曼倩三偷能增壽；六獻茶，茶斟雀舌茶供養，盧同七度瑞呈祥；
七獻食，食餌糖餅食供養，黍米麥稷非凡物；八獻寶，寶貝金銀寶供
養，珊瑚琥珀不尋常；九獻珠，珠妙闖塵珠供養，元始手執號諸天；十
獻衣，衣冠齊整衣供養。玉京殿上禮虛皇，香花燈水菓，茶食寶珠衣。
齋信恭虔請，上聖降臨軒。願以此功德，普及於一切。十供養至尊，共
成無上道。（〈道教獻供文詞〉，樊智偉道長提供）

簡述一下，醮[28]，是道教傳統的儀式，亦是民間習俗，而香港各地所建的醮，大部分稱為「太平清醮」，是祈求或感謝神明庇佑的清醮，屬於保平安的「祈安醮」。至於建醮源起，則不少與消除瘟疫有關。[29] 此外，有因暴雨連連，祈求風調雨順而建醮酬神；[30] 又有紀念護村的英雄而建醮。[31] 當然，附加功能：團結宗族和地方鄉里，加強地區凝聚力和歸屬感。

至於長洲版本，源於瘟疫問題。1777 年島內爆發瘟疫，漁民回到海陸豐請來北帝神像，成功鎮壓瘟疫，並於 1783 年建廟奉祀。到十九世紀再遇瘟疫爆發，島民請喃嘸師傅在北帝廟設壇拜懺、巡神、超渡水陸孤魂等，並齋戒三天，以示虔誠。其後瘟

28　據台灣學者劉枝萬教授指出，台灣最常見的醮有四種：「平安醮」、「瘟醮」、「慶成醮」及「火醮」。如祈求或感謝神明庇佑的清醮，稱為「祈安醮」；為慶祝寺廟或其他建築物落成的「慶成醮」；祭拜瘟神的叫「瘟醮」；超渡死於水火亡魂的是「水醮」或「火醮」。此外，尚有為神明祝壽的「神誕醮」和佛教盂蘭盆會混合而成的「中元醮」等。參看劉枝萬：〈台北市台北縣中和和鄉建醮祭典〉，載於《中央研究院民族學研究所集刊》，號 33（1972 年春季）。香港學者蔡志祥對香港「醮」的研究有着較深入探討。詳見蔡志祥：《打醮：香港的節日和地域社會》（香港：三聯書店，2000 年）一書。

29　如長洲太平清醮、沙田九約太平清醮、沙田田心村太平清醮、沙田大圍村太平清醮。

30　如大埔塔門聯鄉太平清醮。

31　如屯門忠義堂太平清醮。忠義堂涵蓋了藍地一帶的九條村，包括青磚圍、屯子圍、新慶村、紫田村、小坑村、寶塘廈村、桃園圍、屯門新村及藍地村。九條村合共再分成四個段，以往忠義堂的更練團（自衛隊），便是由每股派出四名壯丁組成。早在清朝乾隆年間，屯門藍地一帶的多條圍村各自派出壯士組成「更練團」（即自衛隊），維持治安兼掌管農務生產等大小事務，成就了「忠義堂」這村民自發組織，村民來自多達十二個姓氏的族群。後來「更練團」的成員在一次保衛家園的抗爭中傷亡，村民為了紀念這些英雄，便開始舉辦太平清醮。

疫消除,自此每年打醮,酬謝神恩。

 ## 延伸:「醮」與盂蘭〈中元〉「醮」?

至於農曆七月,港九各地會有「盂蘭醮(盆)會」或「中元建醮」,雖然都有「淨化社區」的效果。但按道理與目的而論,「醮」不應是「盂蘭」。

翻看古籍,「醮」見於《儀禮》的記載:「醮用酒。」注云:「酌而無酬酢曰醮。」意思指單向敬酒而沒有回敬,稱之為「醮」。其後,「醮」成為祭祀的代稱,見戰國時期宋玉《高唐賦》所載:「醮諸神,禮太一。」李善注曰:「醮,祭也。」將祀神活動稱之為「醮」,及後東漢道教創立後,吸收古代的醮祭之法,形成了道教醮儀。到了南北朝時期,「醮」已成為道教祭神儀式的專名。據《道門通教必用集·序》:

> 古者天子祀天地,格神明,皆具犧牲之禮,潔粢盛,備所所衣服,先散齋而後致齋,以成其祭。……天師因經立教,而易祭祀為齋醮之科。

文中所述「易祭祀為齋醮之科」說明道教繼承古代先秦祭祀禮儀,並隨時代變遷,形成不同的科儀。據《隋書·經籍志》提及過「齋」、「醮」兩者的分別:

> 齋者……，陳說衍咎，告白神祇，晝夜不息，或
> 一二七日止。其齋數之外有人者，並在綿緆之外，謂之
> 齋客，但拜謝而已，不面縛焉。……而又有諸消災度厄
> 之法，依陰陽五行數術，推人年命書之，如章表之儀，
> 並具贄幣，燒香陳讀。云奏上天曹，請為除厄，謂之上
> 章。夜中於星辰之下歷祀天皇太一，祀五星列宿，為書
> 如上章之儀以奏之，名之為醮。

文中所述，「齋」只需書面據陳己過，在懺罪過程中不需縛
束手腳等，儀式較簡略；而「醮」需具備上章、奏表、各種禮品，
並配以陰陽五行術數等，儀式較繁瑣。再按宋人蔣叔輿編《無上
黃籙大齋立成儀》卷十六，對於「齋」、「醮」有更清楚的解釋：

> 燒香行道，懺罪謝衍，則謂之齋。延真降聖，乞
> 恩請福，則謂之醮。齋醮儀軌，不得而同。

「齋」僅以焚香行禮來懺罪謝衍，儀式並無延真降聖之舉；
但「醮」須設壇擺供念咒，以延請太一、五星列宿等萬聖神靈降
禳賜福。

不過，「齋醮」分不清楚，或者二合為一，也是歷史問題。
如晉代成書的《太上洞淵神呪經．步虛解考品》有「或有修齋設
醮，不依科儀之考」的記述，這說明當時已將齋醮儀式連結。又
如唐代杜光庭編《太上黃籙齋儀》中有「散壇設醮門」記述，表

示將「齋」、「醮」同壇舉行。傳之後世,「齋醮」法事合用、並稱,似乎也「習非成是」。此之所以,中元日「齋醮」儀式,除需先行齋戒外,亦主張懺悔的重要,這正與《盂蘭盆經》目連救母的自我救度一致。說到這裏,似乎一切都挺合理,不過古代佛道盂蘭設於中元七月十五,考量的是甚麼?爭取信眾的市場?

說回今天,凡見大規模祭祀便稱為「醮」,傻傻分不清楚。或許,這就是「約定俗成」?

說回長洲太平清醮的平安包

「約定俗成」可以讓我們有藉口説「都是 XX,不要分那麼細。」而這些例子也太多太多。

長洲太平清醮中的平安包已經成為當地名物。但説到其真身,應為幽包,又稱之為壽包。除了在太平清醮外,它也會出現在中元與盂蘭盆會、神誕等的祭祀場合。在這些儀式之中,作為祭祀和施孤的包子。簡單點説,是「比鬼食」(給鬼吃)。如果大家對情況不了解,可以想像一下,包山上的幽包原意是接濟孤魂野鬼(即無主孤魂),因為他們不能享有家人親人祭祀,所以,透過祭幽來解決陰陽兩界生活需要。同時,為了孤魂野鬼秩序井然,祭祀場所會安排大士王(即鬼王,真身是觀音)進行監督。所以,陽間的人吃幽包(壽包)在邏輯上頗為尷尬。

説起幽包(壽包)而來的尷尬,並不只於此。筆者過去帶一些導賞團時,遇上一些年輕的團友或學生,總會問他們問題:

「咦，你們跟爺爺嫲嫲、公公婆婆賀壽，會請吃甚麼？」學生：「壽包。」「真的嗎？ Are You Sure?」「Yes!」「Oh! No! 大吉利是。」於是，我明白這個世界需要撥亂反正的事多，但人力有限，有些事情是否「約定俗成」便可當作沒事發生過，「紅事作白事辦」（笑）？

　　想起這些小事，是「有賴」傳媒和飲食界推動的。大概在2013年的萬 X 的廣告，說「香港人長壽，真係靠壽包？」但看畫面，清清楚楚就是的「壽桃」包。壽桃是甚麼？讀者如看過吳承恩《西遊記》的故事，應該記得孫悟空偷西王母蟠桃的一幕。在園中有三千六百株蟠桃樹，分了級數：前面一千二百株，花果微小，三千年一熟，人吃了成仙得道；中間一千二百株，六千年一熟，人吃了霞舉飛升，長生不老；後面一千二百株，紫紋細核，九千年一熟，人吃了與天地齊壽，日月同庚。有印象了，所以平日在酒樓上桌賀壽的，外形就是「紫紋」（或淡粉紅）那款，吃「壽桃」當然是延年益壽的「壽宴」。難道吃「壽包」作為「解慰酒」？但酒樓點心紙上，竟是寫着「壽包」……

我不是壽包！
是壽桃包！

我是壽桃！

不要緊，「老友鬼鬼」，筆者入長洲也是買平安包吃，入鄉隨俗。那裏人說平安包吉利，就是吉利平安，傳統自有傳統的可貴。但喪葬法事用的幽包壽包，讀者自行決定，忍一忍口。

從長洲打醮吃「蠔」翻開舊報紙

長洲打醮，理應全島齋戒，但唯獨有一種海鮮是「齋」（素），就是吃「蠔」。「蠔」算作「齋」，流傳兩個說法。

版本一：島民以前主要以捕魚維生，漁民行船時在海上較難找到「齋」，於是誠心向菩薩請示，菩薩顯靈，在海中賜予他們一枝竹，叫他們發現有甚麼在竹枝上，便吃甚麼。漁民後來檢查發現竹上有一隻蠔，從此長洲人便視蠔為齋。

版本二：因為養蠔似種菜，不血腥，所以醮期內可以繼續吃。

翻一翻舊報紙關於長洲打醮的報道（見圖一），寫着：「無論酒樓、茶室、茶樓、飲食店，都要吃素，碼頭旁邊的長安街市，在幾天內所售的都是瓜、菜、荳腐、荳漿，還擺滿多檔的生蠔，因為生蠔也算是素菜。」看到這裏，「蠔」是齋的傳統都應該遠超六七十年以上。還是「入鄉隨俗」這句俗語說得好，「鄉」說齋就是齋，不要分那麼細。報道中又有包山的描述，也有「菩薩遊街」的隊列，「第一行列是太平山街新 X 安，第二行列是太平山北帝，第三行列福 X 興互助社……」，說來還有很多堂口「與神同行」，反映民間宗教節日與堂口、社區的互動關係。不要驚訝，因為長洲打醮的報道不只一兩宗，有心找可人找到很多，例

長洲踏上繁榮之途
一年一度的太平清醮異常熱鬧

【本報訊】長洲在香港西南數十里的孤島——長洲，現在漸漸形成繁榮了。經過幾十年來的建設，得有現在的地位，目前人口共有一萬三千多人。

長洲孤島的居民，一半是漁民，還有很多人是圍繞着一帶沿海跑到這裡來的，所以現在比起幾年前的環境，似乎有點繁盛了。

在這三年來，從汕頭一帶沿海跑到這裡來的，所以現在形形來來，似乎有點繁盛了。從他（她）何幸福，是可以想到長洲踏上繁榮之途。打洞熱鬧的幾天內，全島居民在四天之內，心裡是非常虔誠的，祈求菩薩庇祐他（她）何幸福，所以全島之由於十六日起至十九日止一連四天，全島居民無論酒樓、茶室、飲食店、打圍過溉，少數外籍人之外，都在幾天裡烟或沐浴，中，陽明紛紛的長安街中，在幾天的招搖過溉，保打圍過溉。

素，瓜、菜、雪糖，還擺滿很多檔的牛肉粉，鮑店，燉腸粉，都宣佈休息幾天。酒樓、茶室，所賣的東西，不是多菇、北菇、蠔子，就是甚麼羅漢齋、鼎湖齋，地瓜、北菇、蠔子，就是甚麼

【太平清醮】的，是潮州人和海陸豐人主持辦理「太平清醮」的，由海陸豐體育互助社「天（十八）是更加熱鬧？昨天是第一次的，昨天（十七）今加遊行頗有秩序，第一行列是太平山北帝，第三行列是觀音與互助社，第四行列是洪聖大王，第五行列是西禪天后聖母，第六行列是中興天后聖母，第七行列是協天大士，第八行列是普門中興街，第九行列是安天上帝

心想是非常虔誠的，祈求菩薩庇祐他（她）何幸福，所以全島之...

由旗州人主持的「太平清醮」的神像，最出幾十個，在昨天都巡出走了，所耗費的金錢真是不少呢！那三個佈遍綠竹，所耗費的金錢真是不少呢！那三個「飽山」，那三個佈遍幾丈多高的三神像，女裝的出巡拜神，打圍過溉。

山足有三丈多高，最出幾個可容十多人的戲棚，由道路兩旁，所耗費的金錢真是不少呢！神像之勞深看來，那三個「大圓圓滿滿」的身上，在街道上左右排列，大有向越仙之途上的身上，在街道上左右排列，大有...

大有「人山人海」之勞。在打醮這幾天之間，為遊洲前後，沿途看見許多婦女依照着香港九龍到長洲，紙醉金迷，長洲酒店，兩大有「鎮滿見澄」之勞——長洲戲院亦受生意影響多些

就是在潮州人和海陸豐人主持辦理「太平清醮」的，由海陸豐體育互助社「天（十八）是更加熱鬧？昨天是第一次的，昨天（十七）今日從正午十二時半開始了，第一行列是太平山北帝，第三行列是觀音與互助社，第四行列是洪聖大王，第五行列是西禪天后聖母，第六行列是中興天后聖母，第七行列是協天大士，第八行列是普門中興街，新街，北帝街，長安街，各種族旗，行人數億有千多人。潮州樂隊，鑼鼓，比外光十色，浩浩蕩蕩，在今日時間彌渺為呢。

潮州的漁民，少女、少婦、少女、蛋妹怪新衣，盛裝出現，這是別的地方所沒有，由道路兩旁的饰物金銀線，金波脂，綽綽妹妹挖插手，穿起...

街上都「大圓圓滿滿」的身上，大有...

圖一：〈長洲踏上繁榮之途〉，《工商晚報》，1951 年 5 月 18 日報道。

圖二：〈長洲一年一度太平清醮 堂口又打鬥〉，《華僑日報》，1976 年 5 月 15 日報道。

如以下相關報道〈堂口又打鬥〉（圖二）。文中用得上「又」字，便可知不是單一事件，如果再與上文相隔二十六年的「隊列」描述相互呼應，這多少反映了當年島內社區發展面貌。對，長洲不大，但清代已有「長洲墟」，到 1951 年全島二萬三千人，有堂口運作，也是正常……而且堂口與打醮這段「互動關係」時間也頗長。

包山節日嘉年華

不如，再次說回平安包。相信大家都會記得包上印有「平安」二字，但據長洲老一輩的島民說法，過去包上款式會印上代表團體的簡稱，如「潮州會館」、「北社」、「海陸豐」、「一丰」等，又有「福」或「安」字。

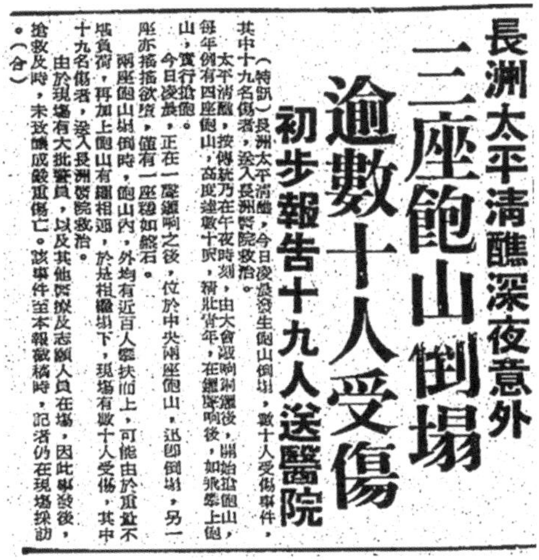

長洲太平清醮深夜意外

三座飽山倒塌
逾數十人受傷

初步報告十九人送醫院

（特訊）長洲太平清醮，今日凌晨發生飽山倒塌，數十人受傷事件，其中十九名傷者，送入長洲醫院救治。

太平清醮，按傳統乃在午夜時刻，由大會敲響銅鑼後，開始搶飽山，每年例有四座飽山，高度達數十呎，精壯青年，在鑼聲響後，如飛奔上飽山，實行搶飽。

今日凌晨，正在一聲鑼響之後，位於中央兩座飽山，迅即倒塌，另一座亦搖搖欲墜，僅有一座穩如磐石。

兩座飽山塌倒時，飽山內，外均有近百人攀扶而上，可能由於重量不堪負荷，再加上飽山有繩相連，於是相繼塌下，現場有數十人受傷，其中十九名傷者，送入長洲醫院救治。

由於現場有大批警員，以及其他警探及志願人員在場，因此事發後，搶救及時，未致釀成嚴重傷亡。該事件至本報截稿時，記者仍在現場採訪。（合）

圖三：〈三座包山倒塌〉，《華僑日報》，1978 年 5 月 10 日報道。

「福」、「安」二字，表面上是吉利用字，但其背後代表着前文所述的兩大堂口，過去醮場三座包山中，其中兩座便是由兩大堂口負責。[32] 由此可見，過去長洲打醮曾由堂口控制，這也可以解釋兩個堂口在送神「隊列」，以及堂口打鬥的因由。（圖一、圖二）

不過，隨時代變遷，警方着力「打黑」，包上「福」字改印「壽」字，「安」字改為「康」字，堂口色彩逐漸淡化，使長洲打醮走出這段「黑歷史」。

32　另見〈太平清醮獨有品牌 黑勢力曾插手 平安包步向光明〉，《成報》，〈要聞港聞〉版，2017 年 4 月 30 日報道。

另外，1978 年長洲包山倒塌而造成多人受傷的意外，相信也不少人聽說過（見圖三）。「搶包山」活動自此被禁，直至 2005 年「改造」後才重啟。同時，長洲太平清醮值理會與康文署合辦活動，並設計出現時印在包上的「平安」標誌：「平」兩點像眼，「宀」似一雙手，有加護的意思，寓意「人人平安」。

由包，到包山，到今日經歷「嘉年華化」後的長洲打醮活動，遊客關注點都落在「搶包山」、「飄色會景巡遊」活動。而對於「巡神」、「祭幽」、「化大士」等道教醮儀流程，反而興趣不大。有人問「巡神」等儀式重要嗎？這當然重要，其目的在於安撫孤魂，消除疫病，繼而祈求平安。然而，在今年（2020 年）疫情影響下的長洲打醮，「限聚令」使島民抬不得「菩薩」（這裏指北帝）的「八人大轎」，即使建醮值理會建議分成「前四人，中菩薩，後四人」的隊列，亦被警方反對，可見鎮疫「菩薩」都怕票控，繼而推想「警神關係」也應該「普普通通」。那麼小小的長洲島，菩薩不能巡、疫病不能鎮、孤魂不能渡，「要人人平安，真係只靠食平安包？」What the food?（建醮值理會其後以折衷方法巡神）

最後，還是跟大家說，入鄉隨俗，齋戒吃蠔，看搶包山，吃平安包，平平安安。

孟婆湯

材料

生淚 ...... 一滴

老淚 ...... 二錢

苦淚 ...... 三分

悔淚 ...... 四杯

相思淚 ...... 五吋

病中淚 ...... 六盅

別離淚 ...... 七尺

孟婆淚 ...... 秘方

做法

材料單是假的

真正的孟婆湯

孟婆是老婦還是美女？

撰譜人：潘啟聰

材料單是假的

孟婆湯，相信在華語世界沒有人未聽過它的大名。若然支撐起孟婆湯神話的世界觀是真實的，相信我們都不知道喝過多少回了。這道人人都品嚐過的料理、這位人人都見過的婆婆，大家卻好像不太認識呢！這章將會向各位讀者介紹一下這道名菜式！

話說回來，本章扉頁的材料單是假的。它不是來自任何古代典籍或文獻。如果讀者們試一試在網上搜尋這份孟婆湯的材料單，或許會找到「以八淚為引」的材料單，是來自《冥記‧黃泉卷》。不過，筆者可以告訴大家，連這部書都是假的。

後漢有郭憲所撰的《洞冥記》一書，可惜當中不只沒有〈黃泉卷〉，整部共四卷的作品就連「黃泉」二字也沒有。以筆者閱覽之所及，古代並無《冥記》一書。《冥記‧黃泉卷》是一部虛構的作品，出於 2018 年上映的電影《靈魂擺渡‧黃泉》之中。

藉現代孟婆故事的傳播，可以看到潮流文化的威力有多大。孟婆長得貌美如花嗎？孟婆湯以眼淚為材料嗎？孟婆湯好喝與否？古人真的有講過嗎？相信民眾原本也只是曾聞「孟婆」之名而已。現代的電影、手機遊戲倒是把大家腦袋中空白之處給補上了。

真正的孟婆湯

那麼，到底孟婆是甚麼人？古籍中有沒有對她的外型和容貌

有所描述呢？孟婆湯又是甚麼東東來的？大家死後是否一定要飲孟婆湯？孟婆湯用的是甚麼材料？此湯味道如何？關於這一連串問題，筆者嘗試盡力滿足一下大家的好奇心吧！

有一本通行於民間，記述陰間地獄諸事的書名叫《玉曆寶鈔》。[33]《玉曆》對十殿閻王、各殿所處理的罪行以至所設置的刑罰都有仔細列明。有些地獄真的是光聽名字已教人感到害怕了，例如：第二殿閻王楚江王轄下的「糞尿泥小地獄」、「膿血小地獄」；第三殿閻王宋帝王轄下的「鉗擠心肝小地獄」、「拔手腳甲小地獄」；第四殿閻王五官王轄下的「沸湯澆手小地獄」、「戮眼小地獄」；六殿閻王卞城王轄下的「屎泥浸身小地獄」、「擊頭脫殼小地獄」……這些只是其中的一小部分，望「名」生義，地獄畫面盡出……再加上在發行的時候，編者生怕嚇不了讀者，流通於民間的版本中更多數附有十殿圖像，想像力不夠的仍有圖可參考。

細心的讀者能夠發現孟婆在哪裏嗎？對！正是在第十殿閻王轉輪王的那幅圖的左下方。為甚麼孟婆會在那裏呢？這是因為鬼魂在抵第十殿後，便會按其善惡功過，酌定下世為男為女、為美為醜、為安為勞、為窮為富，並發往下世投生之道。在投胎前，鬼魂必須押交孟婆。在《玉曆》的〈十殿　轉輪王〉一章有言：

33　《玉曆寶鈔》據稱由宋朝的淡癡道人所著。然而，現存研究對《玉曆》成書年代眾說不一。或有說是北宋年間寫成，或有說是明末寫就，又有指是清朝雍正乾隆年間寫成。至於可以肯定的是，《玉曆》在清朝的時間廣泛流通，而今日常見之版本亦為嘉慶道光年間之刊印本。

民國九年上海宏大善書局出版的《玉曆至寶鈔》。

> 解到本殿，逐名註載，並繪本來面目，名曰「墮落生冊」。押交孟婆尊神「醞忘臺」下，灌飲迷湯，派投人胎……

為甚麼在投生下世之前，鬼魂需要被灌以孟婆迷湯呢？ 原來在古時，曾有知曉前世因果的人，在現世妄認前生眷屬，又弄權作妖，還泄露陰間天機。有見及此，上天封敕孟婆為幽冥之神，並築建一座醞忘臺，准其選拔鬼吏以供使喚。說到孟婆的醞忘臺，可謂又大又先進。讀者們沒有看錯，筆者是用了「先進」二字。從《玉曆》中看其設計和功能，人工智能和自動感應是少不了：

> （醧忘）臺居第十殿，冥王殿前六橋之外。高大如方丈，……（鬼魂）不肯飲吞此湯者，腳下現出鈎刀絆住，上以銅管刺喉，受痛灌吞。

醧忘臺位於第十殿冥王殿前的六座橋（六橋包括金橋、銀橋、玉橋、石橋、木橋板、奈何橋）之外。外形四四方方的，其高度約今日的 2.75 米（孟婆為漢朝人，《漢書・律曆志》載「十寸為尺，十尺為丈」，而西漢一尺約長今日的 27.5 厘米）。臺的四周有廊房共一百零八間。當中有一條走廊向東，其闊度相當於今日的 38.5 厘米。

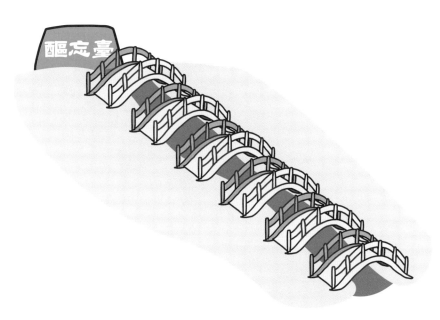

被押解到醧忘臺的鬼魂都要到廊房的廚房中，廚房置放了杯子，用以盛載孟婆湯。孟婆湯的飲用並沒有指定的「劑量」，多飲少飲一口也可以，然而不飲卻不行。若有鬼魂不肯吞飲此湯，腳下立即現出鈎刀絆住其腿，頭上亦現出銅管，以刺喉的方式強迫其灌吞孟婆湯。這種技術，沒有閉路電視、人工智能及自動感應系統可做不到呢！

為甚麼會有鬼魂不肯吞飲孟婆湯呢？難道孟婆廚藝不好，它的味道很差？孟婆湯用的到底是甚麼材料？此湯味道又是如何呢？《玉曆》對孟婆湯有以下的描述，其實湯料非常簡單：

> 用採取俗世藥物，合成似酒非酒之湯，分為甘苦辛酸鹹五味。

　　《玉曆》指孟婆湯其實採用俗世藥物合成，而且有不同口味任君選擇。孟婆湯有甘、苦、辛、酸和鹹五種口味，照道理應該總能找到自己喜歡的味道吧？！後來，孟婆湯更「發展」了起來。在清人王有光作品《吳下諺聯》的〈卷三〉中，孟婆湯可不只「甘苦辛酸鹹五味」呢：

> 小鬟端茶……香氣襲人，勢難袖手。才接杯便目眩神移，消渴殊甚，不覺一飲而盡。到底有渾泥一匙許……此茶即孟婆湯，一名泥渾湯，又名迷魂湯。

　　按照王有光的說法，孟婆湯像是茶水多於湯水。此湯茶香撲鼻，香氣襲人。湯未入口，光是接過茶杯已令人目眩神移，不知不覺的情況下一飲而盡。可見，孟婆湯似乎是蠻吸引人的。若非要對孟婆湯作出批評，可能是食品衛生的問題吧？供人飲用的飲品怎能有「渾泥一匙」在杯底呢？喝了拉肚子怎麼辦？唔……難道不是供「人」飲用，那就沒有肚痛的問題？

清人沈起鳳在其《諧鐸》一書中對孟婆湯又有另一番描述。書中的〈第八卷〉著有故事名「孟婆莊」。故事講術邯鄲城內有歌舞伎姐妹蘭蕊與玉蕊，妹妹玉蕊與葛生相戀，得姐姐蘭蕊幫忙籌得贖身錢。後來蘭蕊病死，葛生感落寞又羞憤，竟氣結而死。葛生到了冥府，準備投胎前，經一個棚子，見數百男女爭奪瓢杓往爐頭舀湯喝。葛生口乾舌燥，也想飲湯。這時候，蘭蕊忽然從棚後面走出來，見到葛生，大驚，問他為何會在這裏，又阻止葛生飲湯。蘭蕊對葛生説：「你不知道嗎？此處乃孟婆莊！剛巧今日孟婆去為寇夫人祝壽，令我暫管瓢杓。方才如果你飲了爐上的湯，你便會迷失本性，返生無路了！」後來，蘭蕊把葛生帶到棚後。各位讀者，孟婆莊的商業秘密要揭開了：

> 遂引至棚後，見累累石甕，排列牆隅。女指曰：「此名益智湯，飲者有才。此名長命湯，飲者多壽。此名和氣湯，飲者令人歡喜。」生問：「若輩所飲者何物？」女笑曰：「此皆焦心火滴淚泉煎成之混沌湯也！」末至一甕，女迫令生飲。生問：「何名？」女曰：「此元寶湯。君所以惡生樂死者，只欠此一物耳！」生勉飲數口，格格不能下咽。

　　原來，孟婆莊所備的湯水不只一種，有混沌湯、益智湯、長命湯、和氣湯和元寶湯。煲好了的湯水儲藏在石甕之中。雖然有不同款式的湯水，但是在孟婆莊的棚前爐上只放置了混沌湯。然

則，大多數的鬼魂喝的都是混沌湯。至於在煲製的方法和材料方面，文中只有描述混沌湯的製法。混沌湯是以特別的火候配合指定的泉水煎成：焦心火＋滴淚泉。如此看來，電影《靈魂擺渡‧黃泉》的編導在文獻回顧上有下過工夫呢！「以八淚為引」的材料單也不完全是憑空捏造的。

有關孟婆湯的味道，按照沈起鳳的描寫來推敲，混沌湯的味道似乎還蠻不錯。若非如此，也不會出現數百鬼魂爭飲之盛況。更甚者，葛生在地府跟蘭蕊重逢，蘭蕊思妹情切，邊說邊哭；在這情況下，葛生仍忍不住「取瓢就爐」想飲湯，需要蘭蕊制止，可知混沌湯似乎有種吸引人飲用的魔力。反之，能讓葛生返回人間的元寶湯卻是「勉飲數口，格格不能下咽」。唔⋯⋯可見「苦口良藥利於病」一語可謂冥陽通用⋯⋯

在沈起鳳的描述之中，孟婆莊備有多款湯水，各湯水功效不一。益智湯，飲者有才；長命湯，飲者多壽；和氣湯，飲者令人歡喜；至於元寶湯，估計是飲者多財的湯水吧？蘭蕊勸葛生飲元寶湯時，說：「此元寶湯。君所以惡生樂死者，只欠此一物耳！」「此一物」不就是指財寶嗎？葛生飲下元寶湯後復生，醒來時嘔吐不止，隨後卻在嘔吐處的地下挖出財物。這樣一來，既有錢娶玉蕊，又能子孫昌盛，都是全靠元寶湯之故。然而，按沈起鳳的描述，混沌湯才是我們一般所說的「正宗孟婆湯」。

綜合現有對孟婆湯的描述，它的功效能藉一言以蔽之曰：迷。王有光指飲用孟婆湯後，「生前事一切不能記憶。一驚墮地，即是懵懂小孩矣」，又稱孟婆湯為迷魂湯。沈起鳳藉蘭蕊之

口告訴讀者，「君如稍沾餘瀝，便當迷失本來，返生無路」。在以上引述過的作品中，倒是《玉曆》對孟婆湯功效的描述最詳：

> 諸魂轉世，派飲此湯，使忘前生各事。帶往陽間，或思涎，或笑汗，或慮涕，或泣怒，或唾恐，分別常帶一二三分之病。為善者，使其眼耳鼻舌四肢，較於往昔，愈精愈明愈強愈健。作惡者，使其消耗音智神魄魂血精志，漸來疲憊之軀，而預報知，令人懺悔為善。

可見飲了孟婆湯，便會忘記前塵往事。然而，孟婆湯藥力不止於此，更延及投生後的狀況。所謂「或思涎，或笑汗，或慮涕，或泣怒，或唾恐，分別常帶一二三分之病」，當中的「思、笑、慮、怒、恐」是情緒，「汗、涕、淚、涎、唾」是中醫理論之五液。加上文中指「分別常帶一二三分之病」，大概是指孟婆湯亦會影響投生後的生理和心理健康吧！《玉曆》更指出飲孟婆湯後變好變壞的條件。作為一部勸善止惡的作品，當中無非就是「賞善罰惡」之邏輯。為善者將更精明更強健，而作惡者則抱疲憊衰弱之軀。

孟婆是老婦還是美女？

說了這麼久，本章已解答了不少有關孟婆湯的疑問，例如：孟婆的辦事處的地址、孟婆湯出現的原由、孟婆湯的材料和味

道、孟婆湯的藥效等。還有一個重要話題未講吧？孟婆到底長相

如何？古籍中有沒有對她的外型和容貌有所描述呢？好吧！現在

就向各位讀者揭曉！

　　讀者可上網看看《十殿轉輪大明王、孟婆娘娘》[34] 及《十殿閻

王：第九殿都市王》[35] 兩幅圖，圖中均見到孟婆的辦事處以「孟

34　作者不詳（年代不詳）：〈品名：十殿轉輪大明王、孟婆娘娘〉，《數位
　　典藏與數位學習聯合目錄》，超連結：http://catalog.digitalarchives.tw/
　　item/00/14/dd/54.html，瀏覽日期：2020 年 3 月 15 日。

35　作者不詳（年代不詳）：〈品名：十殿閻王：第九殿都市王〉，《數位典
　　藏與數位學習聯合目錄》，超連結：http://catalog.digitalarchives.tw/
　　item/00/14/dd/35.html，瀏覽日期：2020 年 3 月 15 日。

婆娘娘」為名，堂上正中坐着一位有威嚴而面露微笑的仁慈老嫗。當然，她就是孟婆了。然而，這樣描繪孟婆，有正確也有不正確之處。如果以《玉曆》為依據，孟婆的人物設定到底是怎樣的呢？

> 生於前漢。幼讀儒書，壯誦佛經。凡有過去之事不思，未來之事不想。在世惟勸人戒殺、吃素。年至八十一歲，鶴髮童顏，終是處女。只知自己姓孟。人故皆稱之曰〈孟婆阿奶〉。入山修真，直至後漢。

　　孟婆生於漢朝，自小飽讀儒家經典，長大後則誦讀佛經。她珍惜當下，活在當下，仍在俗世生活時，勸人茹素和戒殺生。到了八十一歲之高齡，依然保有處子之身。雖已長出一頭白髮，但仍長有孩童般的容色。由於只知自己姓孟，故人皆稱之為「孟婆阿奶」。其後，她遠離俗世入山修真直至後漢；後來，更是被上天招為幽冥之神，以防鬼魂投生後仍記得前世往事。

　　由是觀之，畫孟婆乃一位有讀書人氣質的斯文人，可以；畫孟婆為一位慈祥和藹的女士，也可以；畫孟婆為一位滿頭白髮的長者，亦無不可。不過，如果把孟婆畫成為一位長滿皺紋、一臉老人斑的老婆婆，卻不可。當然，倒過來說，若像現代的手機或電子遊戲一般，把孟婆畫成為一位樣貌美艷、身材豐滿姣好的年青美女。筆者只有一句話送贈予你：「Don't FF[36] too much!」

36　　FF，全寫是「Final Fantasy」指不要整天沉醉幻想，並且幻想程度異常誇張。

後記

　　如果把《香港都市傳說全攻略》計算在內的話，這本《鬼王廚房》可謂是兩位作者講鬼的第二輯了。這本書之所以能夠出版，首先要感謝中華書局（香港）有限公司的副總編輯黎耀強先生的信任。黎先生對此書的支持確實為《鬼王廚房》能夠面世之主因。另外一位要感謝的，就是這書的責任編輯郭子晴小姐。郭小姐有趣的催稿訊息、細心的處理稿件、有時甚至願意跟我們聊一聊她對書中內容的看法。她不只是專業的編輯，還是一位新朋友呢。

　　寫到第二輯了，在商量和寫作的過程中，兩位作者慢慢地更清楚自己寫作的定位：想做的是甚麼、想寫的是甚麼、想為讀者們帶來甚麼？有一次，兩位作者在聊天時，發現大家小時候都讀過並十分喜歡一本書叫《空想科學讀本》。那天，談到那本書，我們仍然很開心地一起回憶書中的內容呢！例如，要幾多假面騎士手牽手站在山頂上，才能藉腰間風力發電變身器點亮一顆燈

泡？又例如，控制高達的駕駛員大約在高達走多少步後會變成肉醬呢？這類科普讀物的書籍其實令不少人對科學產生了興趣。或許，讀者們不一定因此就立志成為科學家。可是，讀後對科學的了解肯定會加深了一點。

兩位作者希望仿傚這一類型的書籍，將文學、史學、文化等這一類屬人文學科的知識向大眾讀者揭開當中有趣之處。人文學科的知識不一定是教人悶得發慌的東西，也不一定是深奧難懂的課題。若讀者你有一顆刨根究底的好奇心，也許你在日常生活中會常常發現一些不明所以的事物。尤其是與生死有關的、與鬼神有關的事物，長輩們總是不願意講，好像多講兩句就會惡運纏身似的。鬼真的有這麼可怕嗎？他不也是人死而化成的嗎？其實，我們身處的中國文化中，有沒有提及過人死掉了以後會怎樣？親友離世時，我們在殯儀館中見到不同的祭品和儀式。那個時候，就算是好奇也不敢多問一句。祭品有沒有指定的東西？奉上的祭品背後有甚麼意義？我們不只是在殯儀館裏見到的不敢問，很多時候，在其他的祭祀中，長輩們亦不會答我們：「唉～大吉利是～小孩子這些場合不要亂問問題。」當然，其實他們多半只是跟隨上一代的做法，而不知背後的原理。然而，人文學科內確實有相關知識能滿足你的好奇心。

這本書繼承上一輯以「鬼」以「死」作主題，講一些長輩不願告訴你的「不吉利」之事。同樣地，承接上一本書的賣點，此書出自兩位不務正業的學者之手，以學人刨根究底之風格，有根有據地跟讀者們大談中國文化中的「鬼」、「死後世界」以及「死

後生活」。提到生活，古語有云百姓開門七件事：柴、米、油、鹽、醬、醋、茶。當中幾乎不出飲和食。若死後有所謂的「生活」，鬼也有飲食需要嗎？故此，這本書又以飲食為範圍。《鬼王廚房》就此誕生。書中一方面查文學作品和宗教典籍，向大家揭示中國古代人眼中的鬼神和死後世界；另一方面亦作歷史考究和實地觀察，向大家披露古今祭祀及祭品之意義。兩位作者希望以輕鬆的手法滿足大家的好奇心，亦同時讓大家對中國文化這塊特別的領域──「死後飲食」有多點認識。兩位作者更希望將來有緣有第三輯面世，再與大家分享鬼鬼怪怪的課題。

兩位作者謹此希望各位讀者：

拜神，不要拜錯。

祭品，不要弄錯。

若然搞錯，不要搞我。

謝謝！

此書初版刊於 2020 年。是年全球受疫病爆發影響，很多人因此受苦受難。

藉此書之發行流通，衷心祝大家身體健康、無災無難。

更將祝福送給受過苦難的每一個人。

潘啟聰

【香港史學會叢書】

Ghost Pa's Kitchen

鬼王廚房

舌尖上的地獄飲食文化

潘啟聰 ╳ 施志明

責任編輯　郭子晴
裝幀設計　明　志
排　版　時　潔
印　務　劉漢舉

出版　中華書局（香港）有限公司
香港北角英皇道四九九號北角工業大廈一樓 B
電話：（852）2137 2338
傳真：（852）2713 8202
電子郵件：info@chunghwabook.com.hk
網址：http://www.chunghwabook.com.hk

發行　香港聯合書刊物流有限公司
香港新界大埔汀麗路三十六號
中華商務印刷大廈三字樓
電話：（852）2150 2100
傳真：（852）2407 3062
電子郵件：info@suplogistics.com.hk

印刷　美雅印刷製本有限公司
香港觀塘榮業街六號海濱工業大廈四樓 A 室

版次　2020 年 7 月初版
©2020 中華書局（香港）有限公司

規格　32 開（210mm×148mm）

ISBN　978-988-8675-86-9